Georg Kerschensteiner

Der Begriff der staatsbürgerlichen Erziehung

Salzwasser

Georg Kerschensteiner

Der Begriff der staatsbürgerlichen Erziehung

1. Auflage | ISBN: 978-3-84608-334-5

Erscheinungsort: Paderborn, Deutschland

Erscheinungsjahr: 2015

Salzwasser Verlag GmbH, Paderborn.

Nachdruck des Originals von 1929.

Georg Kerschensteiner

Der Begriff der staatsbürgerlichen Erziehung

Salzwasser

DER BEGRIFF
DER STAATSBÜRGERLICHEN
ERZIEHUNG

VON

GEORG KERSCHENSTEINER

SECHSTE ERWEITERTE AUFLAGE

15.–18. TAUSEND

1929
LEIPZIG UND BERLIN
VERLAG UND DRUCK VON B. G. TEUBNER

MOTTO:

„Ein Prinzip der Erziehungskunst, das
„besonders solche Männer, die Pläne zur Er-
„ziehung machen, vor Augen haben sollen, ist:
„Kinder sollen nicht dem gegenwärtigen, son-
„dern dem zukünftig möglich bessern Zustande
„des menschlichen Geschlechtes, das ist

der Idee der Menschheit

„und deren ganzer Bestimmung angemessen
„erzogen werden."

Imman. Kant, Über Pädagogik,
Ausgabe von Prof. Vogt, Seite 75.

1*

VORWORT ZUR SECHSTEN AUFLAGE.

Der Artikel 1 der neuen Reichsverfassung beginnt mit der Feststellung: Das deutsche Reich
ist eine Republik. Die unbedingt notwendige Ergänzung zum Begriffe Republik — denn Gegenwart wie Vergangenheit zeigen auch Republiken
mit monarchischem Prinzip — gibt die Einleitung
zu Artikel 2 der neuen Verfassung: Die Staatsgewalt liegt beim Volke. Damit ist der Charakter
der Verfassungsform im wesentlichen festgelegt:
Das deutsche Reich ist eine reine Demokratie,.
eine demokratische Republik.

Was der Inhalt dieser beiden Worte für Ordnung einesteils und für Freiheit andernteils im
deutschen Reiche bedeutet, welche Vorteile und
Nachteile mit ihm verbunden sind oder verbunden
sein können, das ist hier nicht auseinanderzusetzen.
Aber das eine dürfte wohl jedem, der das konkrete Leben dieser Staatsform an den Beispielen
der Vergangenheit und Gegenwart aus eigner
Erfahrung oder aus historischen Darstellungen

kennen gelernt hat, mit völliger Klarheit bewußt sein: Was der alte Obrigkeitsstaat zur Not entbehren konnte, das bedarf im neuen Volksstaat der sorgfältigsten Fürsorge, d i e s t a a t s b ü r g e r l i c h e E r z i e h u n g. Wo „die Staatsgewalt beim Volke liegt", da ist nur dann ein Heil für den Staat zu erwarten, wenn a l l e Teile des Volkes staatsbürgerlich empfinden, denken und handeln gelernt haben. Demokratische Staatsverfassungen verlangen aristokratische Seelenverfassungen. Worin diese staatsbürgerliche, aristokratische, d. h. vornehme Seelenverfassung besteht, die auch unter dem armseligsten Kittel herrschen kann, das muß der Begriff der staatsbürgerlichen Erziehung festlegen.

Ich habe bereits vor vielen Jahren diese Feststellung versucht. Es ist gewiß ein gutes Zeichen für die Richtigkeit meiner Inhaltsbestimmung, daß die von mir in der e r s t e n Auflage gegebene Formulierung der Idee der staatsbürgerlichen Erziehung und die Schilderung der Mittel und Wege zu ihrer Verwirklichung bereits in der v i e r t e n Auflage in gar keiner Weise einer Berichtigung oder Ergänzung bedurfte, obwohl inzwischen an die Stelle des monarchischen Obrigkeitsstaates die demokratische Republik getreten war. Der

wissenschaftliche Begriff der staatsbürgerlichen
Erziehung ist in der Tat unabhängig von der jeweiligen Form des V e r f a s s u n g s staates. In seinem Wesen liegt nur das eine Merkmal, daß die
Staatsform weder eine Despotie noch eine Klas-
sendiktatur noch eine absolute Monarchie ist; in
solchen Staatsformen gibt es überhaupt keine
„Staatsbürger". Staatsbürgertum und demokratischer Verfassungsstaat sind Wechselbegriffe.

Gleichwohl hatte schon die vierte Auflage nicht
unerhebliche Erweiterungen erfahren. Einesteils
hatte mich dazu veranlaßt das Bedürfnis nach
eingehender Darstellung der Mittel und Wege
staatsbürgerlicher Erziehung anderer d e m o k r a -
t i s c h e r Staaten, vor allem der Vereinigten Staaten von Nordamerika, weil ich mir von trefflichen
Beispielen mehr Gefolgschaft erwarte als von
bloßen Theorien; andernteils bestimmte mich dazu die tatsächliche Bezugnahme auf die neue
Staatsform. Endlich aber konnte ich nicht still-
schweigend an der dritten Auflage der „staatsbürgerlichen Erziehung" von meinem früheren
Kollegen Fr. W. Förster vorübergehen, die unter
dem Titel „Politische Ethik und politische Pädagogik" bei Ernst Reinhardt in München im
Herbste 1918 erschienen war. Insbesondere schien

es mir nötig, gute Beispiele aus dem Schulwesen
unserer Kriegsgegner einzuschalten. Daß unser
ganzes deutsches Schulwesen in Fragen der staatsbürgerlichen Erziehung weit hinter dem unserer
angelsächsischen Gegner zurücksteht, das wird
jeder erkennen, der die Beispiele, die ich einge-
fügt habe, sich vor Augen hält. Und diese Beispiele sind nicht aus Büchern und Schilderungen
anderer entnommen, sondern sind Darstellungen meiner eigenen Erlebnisse. Wenn in dem
Teile des Verfassungsentwurfes (Artikel 28
bis 40), der die Überschrift trägt: „Die Grund-
rechte des deutschen Volkes", unter Artikel 31 f.
der Schule auch die Erziehung zu „staatsbürgerlicher Tüchtigkeit" zum ersten Male in einem
deutschen Gesetze zur Pflicht gemacht wird, so
wird es gewiß von wesentlichem Werte sein, an
guten Beispielen zu erkennen, welche Wege alte
demokratische Staaten eingeschlagen haben, um den Erfolg einer solchen Bemühung
sicherzustellen. Die im gleichen Artikel vorge-
sehene Aushändigung eines Abdruckes der Verfassung an jeden Schüler bei Beendigung seiner
Schulpflicht wäre ohne sorgfältige Erziehung zu
staatsbürgerlicher Tüchtigkeit ein sehr wertloser Akt.

Die fünfte Auflage wurde sodann dazu be-
nutzt, nicht nur im Interesse größerer Klarheit
Mängel der Ausdrucksweise zu beseitigen und
entbehrliche Fremdwörter überall auszumerzen,
sondern auch einesteils die vielumstrittene Frage der Selbstregierung, die an den deutschen
Schulen noch immer der Lösung harrt (Kap. VI),
andernteils die Frage des Ersatzes für den Verlust unserer Heereszucht, deren Lösung gerade
auch für die friedliche staatsbürgerliche Erziehung vielleicht am vordringlichsten ist (Kap. V),
diesen ihren Bedeutungen gemäß einer eingehen-
deren Würdigung zu unterziehen.

Die neue sechste Auflage weist keine wesentlichen Veränderungen in ihrem Inhalte auf, wenn
auch manche Kapitel da und dort neu gestaltet oder durch ein neues Beispiel ergänzt wurden. Wiederum begleitet sie der Wunsch, daß
sie dazu beitragen möchte, die ungemein schwie-
rige Aufgabe der staatsbürgerlichen Erziehung,
vielleicht die schwierigste aller Erziehungsaufgaben, im neuen Volksstaate der Lösung näher
zu bringen, als es dem Buche im alten Obrig-
keitsstaate vergönnt war, der aus ganz andern
Vorstellungen und Erwägungen heraus als aus
demokratischen und sozialen Ideen und Idealen

sich zu schüchternen Versuchen bloßer staatsbürgerlicher Belehrung drängen ließ. Doch
wird auch der neue Volksstaat die Aufgabe
nicht lösen, wenn er sich nicht zu großen Umwälzungen im innern Betrieb des Schulwesens
entschließt, wenn er nicht die Hindernisse ein-
gewurzelter Überlieferungen des Schulbetriebes
mit weiser Hand zu beseitigen versteht, wenn
er an die Stelle alter regierender Schulorgani-
sationspedanten nichts anderes zu setzen weiß
als parteifromme Schulorganisationsdilettanten,
und wenn sein demokratischer Sozialismus mehr
im Boden der Klassenselbstsucht wurzelt als in
echter Menschenliebe und in Ehrfurcht vor wah-
rer Menschenwürde.

München, August 1928.

GEORG KERSCHENSTEINER.

INHALT.

I. DER WIDERSTREIT
DER POLITISCHEN AUFFASSUNGEN
DES BEGRIFFES.

Das Problem der staatsbürgerlichen Erziehung eines Volkes, oder, wie ich es lieber bezeichne, der Erziehung zur Staatsgesinnung, ist unter allen Erziehungsproblemen weitaus das schwierigste. Das liegt an dem inneren Widerspruch (der Antinomie), der zwischen dem Wesen des konkreten Staates und dem Wesen des konkreten Individuums besteht. Der Staat der Wirklichkeit ist ein souveränes Macht- und Rechtssystem, das dem Freiheitsstreben des Individuums, so wie es nun einmal ist, polar gegenübersteht. Solange nicht konfessionelle, sprachlich-nationale, wirtschaftliche und parteipolitische Gegensätze die Staatsgemeinschaft zerspalten, ist staatsbürgerliche Erziehung des Nachwuchses wohl auch eine Aufgabe, aber kein Problem. Aber diese Zeiten sind längst vorbei und kehren nicht wieder.

Sobald jedoch diese Gegensätze in immer heißeren Kämpfen der Glieder einer Volks-

gemeinschaft aufeinanderstoßen, wie soll da die
nämliche Volksgemeinschaft ein Erziehungssystem für alle ihre Glieder schaffen, das über
die leidenschaftlich verfolgten Interessen der
einzelnen Gruppen und Parteien hinausragt?
Kämpft nicht jede der Parteien gerade darum,
sich des Staates als eines Instrumentes der
Macht zu versichern, um durch das Rechtssystem des Staates ihrer Auffassung vom rechten Leben der Gemeinschaft zur Herrschaft zu
verhelfen?

Die Einsicht in solche Schwierigkeiten hindert
nicht wenige, an dem Problem inneren Anteil
zu nehmen. Die einen haben sich zurückgezogen
von der gemeinsamen Erziehungsaufgabe, weil
es für sie als ausgemacht gilt, daß der unaufhaltsam fortschreitende Zug der demokratischen
Epoche unserer Zeit jeder Kultur zum Verhäng-
nis wird. Unter völligem Abschluß von den Massen der Ungebildeten, Halbgebildeten und denjenigen, die nur durch den staatlichen Stempel
von Berechtigungszeugnissen ihre sogenannte
höhere Bildung nachweisen können, suchen sie
ihre persönliche Kultur und ihren persönlichen
Stil in engem selbstgewähltem Kreis zu retten.
Sie haben darauf verzichtet, nicht nur an der

Kulturpolitik, sondern an jeder Politik der Staatsgemeinschaft teilzunehmen.

Für eine zweite Gruppe von Menschen baut der Stolz ihrer Herrennatur eine Abschließungsmauer gegen ihre Volksgenossen, die noch unübersteiglicher ist als die Mauer der Resignation der ersten. Sie wollen nicht gleiche Rechte und Pflichten mit der „Masse" teilen; sie wenden ihren Blick zurück in die Vergangenheit, wo der Gang der vom Staate geschützten Kultur bestimmt wurde durch eine kleine Zahl kraftvoll herrschender Persönlichkeiten.

Einer dritten Gruppe endlich verschließt eine undurchdringliche Wolke ästhetischer und ästhetisierender Welt- und Lebensanschauung — wenn man von einer solchen überhaupt reden kann — den Blick auf die Wirklichkeiten, auf die Not von Tausenden, die mit uns auf Höhen wandern könnten, wenn wir nur helfen wollten. Die glanzvolle Welt des schönen Scheins hat das Auge für die Welt der Schmerzen zum Erblinden gebracht.

Es wäre um den Neuaufbau des deutschen Staates und um die Hoffnungen, die uns in seinen Dienst zwingen, schlecht bestellt, würde die Zahl der Staatsbürger aus diesen Gruppen,

die alle in die Schicht der geistigen Arbeiter
fallen, wesentlich zunehmen. Kultur ist eine
Errungenschaft, die täglich verloren geht, wenn
sie nicht täglich erobert wird. Die staatsbürgerliche Erziehung ist nicht bloß ein Problem der
Erziehung der Zu-Führenden sondern vor allem
auch der Führer.

Unsere geistigen Arbeiter sind viel zu ausschließlich auf die bloße Tüchtigkeit in ihrem
künftigen technisch-beruflichen Arbeitskreis erzogen und viel zu wenig auf die Tüchtigkeit
des staatsbürgerlich-beruflichen. Gemeinsinn
und Gerechtigkeitssinn, die diesen allein
charakterisieren, lernt er auf der Schule nur
„platonisch", d. h. durch die in historischen
Beispielen niedergelegten Ideen kennen, nicht
aber im täglichen aktiven Handeln in einer Gemeinschaft erleben. Wenn aber die Wenigen,
die zur Führerschaft in der Volksgemeinschaft
zunächst berufen wären, in ihrem Gerechtigkeits-
und Gemeinsinn versagen, was können wir dann
von den Vielen verlangen? Für die Gestaltung
unseres inneren Staatslebens ist die Wertgestalt
derjenigen, die seine geistigen Zügel halten,
entscheidend. Haben auch die meisten von ihnen
nicht die Qualität zu einer aktiven geistigen

Führerschaft, so werden sie doch immer ein geistiges Vorbild sein.

Die Frage ist nun allerdings, ob und wie weit unser öffentliches oder auch ein privates Schulwesen solche Aufgaben der staatsbürgerlichen Erziehung lösen kann. Die Antwort ist, wie die Untersuchungen dieser Arbeit noch eindringlich genug zeigen werden: Nur durch eine allmähliche Umwälzung des inneren Betriebes unserer Schulen. Alle bloß äußere Gestaltung des deutschen Schulwesens, mag sie nun einen Zug zur „Einheitsschule" oder zur „Typenschule" haben, mag sie Vermehrung oder Verminderung des Lehrstoffes, Verlängerung oder Verkürzung der Schulzeit bedeuten, mag sie den Lehrplan nach klassischem oder nach modernem Muster schneidern, mag sie der staatlichen, kirchlichen oder der mannigfach gegliederten gesellschaftlichen Jurisdiktion überantwortet werden, alle diese äußeren Maßnahmen können die brennendste Frage der Demokratien nicht lösen. Wenn sie überhaupt — sicher nicht restlos durch die Schule allein — gelöst werden kann, so vermag sie es nur kraft einer inneren Neugestaltung ihres pädagogischen Betriebes.

Aber gerade dieser innere Betrieb ist dem

Streite der politischen Parteien weit mehr ausge-
setzt als die äußere Gestaltung des Schulwesens,
wenigstens so weit dieser innere Betrieb es auch
mit dem Inhalt der staatsbürgerlichen Erziehung zu tun hat. Denn in der Auffassung vom
Staate, seinen Aufgaben und seinem Zwecke unterscheiden sich ja die politischen Parteien. In
jeder lebt eine andere Idee der gesellschaftlichen
Kultur, die sich in ihrem Staatsbegriff wider-
spiegelt. Eine jede will diese Idee und die ihr
entspringenden Ideale durch die staatsbürgerliche
Erziehung fortpflanzen. Wie viele indes auch zum
Kampfe um diese Ideen durch egoistische, materielle Interessen veranlaßt sein mögen, eine
kleine Zahl ist in jeder Partei vorhanden, die um
der Idee selbst willen ihre Kraft in den uneigen-
nützigen Dienst der Staatskultur stellt. Diese aber
stehen, was immer für einer Partei sie angehören
mögen, immer auch im Dienste allgemeiner
Kulturinteressen, jeder in seiner Weise und nach
seiner Anschauung, die freilich von der des andern nur allzu verschieden ist. Sie alle haben ein
lebhaftes Interesse an der staatsbürgerlichen Erziehung des Nachwuchses, sofern sie nur auf dem
Boden des Volksstaates stehen, d. h. einer statt-
lichen Organisation der ganzen Gesellschaft, des

ganzen Volkes und nicht einer einzelnen Klasse oder Kaste. Wenn sie auch diese Interessen vorerst nur nach Maßgabe ihrer politischen Anschauung betätigen, wenn sie auch dabei sehr oft eine recht einseitige Auffassung vom Wesen des Staatsbürgers an den Tag legen, kulturfeindlich ist ihre Tätigkeit, wenigstens nach ihrer Absicht, nicht. Wie sollte sie es auch sein? Es ist geradezu ausgeschlossen, daß irgendeine im echten Sinne demokratisch empfindende, d. h. alle Volksgenossen mit gleicher Brüderlichkeit umfassende Partei sich mit kulturfeindlichen Absichten an das Erziehungswerk ihres Nachwuchses begibt. Erziehen heißt ja Kulturwerte, d. h. religiöse, wissenschaftliche, künstlerische, moralische, staatspolitische Ideale fortpflanzen und sie zu treibenden Grundsätzen der kommenden Generation machen. Ihre Absichten können einseitig sein; ihre Ideale auf den Gebieten der verschiedenen Kulturkreise können unausgeglichen sein, ja einander widersprechen. Aber das Bekenntnis zum Kulturstaate an sich und damit die Absicht seiner Fortpflanzung ist in jeder Partei, die sich ehrlich zum demokratischen Volksstaate bekennt, vorhanden. Wenn dem aber so ist, sollte da wirklich keine Aussicht bestehen, alle, die

ein irgendwie geartetes Kulturinteresse haben,
einander näher zu bringen und zu gemeinsamer
Arbeit zusammenzuschließen, sie zu verhindern,
ihre besten Kräfte in ewigen Versuchen zur
Vernichtung des Gegners aufzubrauchen? Fühlen
die Besten aller von Diktaturgelüsten freien
politischen Parteien nicht schon seit geraumer
Zeit, daß die Entwicklung der Demokratien mit
ihrem falschen Dogma „Mensch gleich Mensch"
sich selbst ad absurdum führt? Sollte es aus-
sichtslos sein, einen Boden zu finden, auf dem
die Ehrlichen aller Parteien die Möglichkeit
einer gemeinsamen Erziehungsarbeit erblicken?

Ich will versuchen zu zeigen, daß dies möglich ist. Die Hauptschwierigkeit, die Bürger des Volksstaates zu gemeinsamer Arbeit für
staatsbürgerliche Erziehung zu vereinigen, liegt
vor allem in der Festlegung des Begrif-
fes der staatsbürgerlichen Erziehung.
Läge sie nicht im Begriffe, so wäre nicht einzusehen, weshalb wir nicht schon seit geraumer
Zeit erfreuliche Ansätze einer systematischen
von der Gesamtheit der Bürger getragenen Erziehung dieser Art bei unserem hochentwickel-
ten Parteileben hätten, da ja alle Eigenschaften,
die den Menschen zum tüchtigen Staatsbürger

machen, ihn stets auch zu einem wertvollen Parteigenossen stempeln müssen. Denn wer einem großen Ganzen dienen gelernt hat, und wer sich gedrängt fühlt, ihm auch wirklich zu dienen, der weiß auch einem Teil dieses Ganzen zu dienen und muß es tun, da er nur so für die volle Wirksamkeit seiner politischen Kraft und Einsicht die nötige Gewähr findet. Alle Parteien, soweit sie vom Werte des gegen alle gerechten Volksstaates erfüllt sind, hätten also das größte Interesse, alle Maßnahmen zu unterstützen, welche geeignet sind, das Interesse am Staate, an seinen Rechts- und Kulturaufgaben bei den Volksgenossen zu fördern und jeden von Jugend auf zu erziehen, sich in den Dienst der Gemeinschaft und ihrer Aufgaben zu stellen. An der Entwicklung dieses Interesses oder an seiner Betätigung hindert aber jede Partei das Mißtrauen, das sie gegen den von anderen Parteien aufgestellten Begriff der staatsbürgerlichen Erziehung hegt. So wird also gerade der Begriff zum Stein des Anstoßes. An ihm scheitern vorläufig die Versuche, die Gutgesinnten aller Parteien zu vereinigen, um das Allernotwendigste in die Hand zu nehmen, was einem Verfassungsstaate zukommt, nämlich seine Bürger für den gemein-

samen Dienst zu erziehen. Gäbe es nun keinen
Begriff vom Staatsbürger, der über den Partei-
begriffen steht, wenngleich der rechte Staatsbürger innerhalb einer Partei wirken muß, so wäre
die Vorstellung der staatsbürgerlichen Erziehung
eine Seifenblase, die zwar prachtvoll schillert,
aber zerplatzt, wenn man sie angreift. Es muß
einen solchen geben. Denn sonst könnten nicht
schon die einfachsten ethischen Überlegungen in
dem geordneten Staatswesen einen höchsten Wert
erkennen lassen.

Welches ist dieser Begriff? Wer ist der rechte
Staatsbürger? Ist es derjenige, der über ein gro-
ßes politisches Wissen verfügt und gewissenhaft
sein Wahlrecht ausübt? Ist es derjenige, der sein
Leben unermüdlich in den Dienst einer Partei
stellt? Ist es derjenige, der abseits vom Kampf
der Parteien als braver Bürger die einmal gegebene Verfassung hochhält? Ist der Deutsche
mit streng konservativen Anschauungen ein bes-
serer Staatsbürger als einer mit sozialdemokra-
tischen? Ist der überzeugte Zentrumsangehörige
als Staatsbürger geringer zu werten als das eif-
rige Mitglied des Evangelischen Bundes? Hat der
rechtsstehende oder der linksstehende Liberalismus das wahre Staatsbürgertum in Pacht? Ja,

man könnte noch verfänglicher fragen: Ist die Staatsregierung selbst immer die Vertreterin der rechten staatsbürgerlichen Anschauungen? Ich glaube, niemand, der das öffentliche Leben mit einiger Klarheit überschaut und leidenschaftslos an diese Fragen herantritt, kann sie von vornherein eindeutig, unter Ausschluß von jedem „Wenn und Aber" beantworten. Vielmehr kann man recht wohl verstehen, daß die Parteien, die die jeweils herrschenden Regierungsanschauungen nicht oder nicht vollständig teilen, auch denjenigen Maßnahmen für staatsbürgerliche Erziehung, die von der Regierung ausgehen, Mißtrauen entgegenbringen. Selbst wenn dieses Mißtrauen ungerechtfertigt ist, sein bloßes Vorhandensein in einer oder mehreren großen Gruppen von Volksgenossen genügt, um die Erziehungsmaßnahmen des Staates ihrer besten Wirkung zu berauben. Nur auf der Grundlage des Vertrauens aller Volksgenossen oder doch ihrer großen Mehrheit kann im Verfassungsstaat staatsbürgerliche Erziehung mit Erfolg betrieben werden. Hier liegen die Verhältnisse wesentlich anders als bei den Fragen der Berufserziehung oder der allgemeinen Bildung oder auch der moralischen Erziehung schlechthin. Die individuelle Erziehung liegt im

eigensten Interesse aller Eltern; die staatsbürgerliche dagegen nur unter bestimmten Voraussetzungen.

Nun läßt sich aber zeigen, daß es ein Ideal
der staatsbürgerlichen Erziehung gibt, das keinem wesentlichen Bedenken einer der großen
Parteien begegnen kann, die sich zum gerechten Staate bekennen, und dessen Verfolgung
gleichwohl zu dem führt, was wir vom Stand-
punkt der Erhaltung und Entwicklung des neuen
Staates und der Steigerung seiner wirtschaftlichen und kulturellen Kräfte in der Erziehung des
Volkes dringend wünschen müssen. Was ist das
Wesen einer solchen staatsbürgerlichen Erziehung? Das ist die Frage, die zu lösen wir nun-
mehr versuchen wollen.

II. ZU ENGE UND ZU WEITE BEGRIFFS-FASSUNGEN.

Wir werden in der Sache sofort klarer sehen, wenn wir uns zuerst vor Augen halten, was die staatsbürgerliche Erziehung n i c h t ist. Zunächst gilt es, den gefährlichen Irrtum zu bekämpfen, d e r d a m e i n t, s t a a t s b ü r g e r - l i c h e E r z i e h u n g s e i i d e n t i s c h m i t s t a a t s - b ü r g e r l i c h e r B e l e h r u n g. Dann wäre derje- nige der beste Staatsbürger, der die meisten staatswissenschaftlichen Kenntnisse hat. Das ist aber genau der gleiche Irrtum unserer Schüler-beurteilungen, die demjenigen die erste Note in Religion geben, der den Katechismus und die Bibel am vollkommensten hersagen kann. Ja, es gibt einen Unterricht in religiösen und morali-schen Kenntnissen, der imstande ist, unsere Schü-ler von religiöser oder moralischer Betätigung sogar abzuführen, statt zu ihr hinzuleiten. Diese Gefahr ist bei jedem Bildungszwang vorhanden, der nicht beim bloßen Wissenserwerb, bei der bloßen Kenntnismehrung stehen bleibt. Sie ist

geradezu unvermeidlich, wenn dieser Zwang auf
die g e d ä c h t n i s m ä ß i g e Aneignung von e t h i -
s c h e n Kenntnissen ausgeht, das ist von Kenntnissen, die in sittliche Handlungen umgesetzt werden sollen.SolcherArt ist auch ein nicht unbeträcht-
licher Teil der staatsbürgerlichen Kenntnisse.
Wirksam und damit wertvoll werden Bürgerkunde, Gesetzeskunde, Verfassungskunde, Volks-
wirtschaftslehre, die Lehre von den Aufgaben und
Einrichtungen des Staates und vor allem die
Lehre von den Rechten und Pflichten des Bür-
gers erst dann, wenn sie unter Vermeidung des
allzu gleichmäßig wiederkehrenden, gedächtnis-
mäßigen Kenntniszwanges auf einen Boden fallen, a) der durch den eisernen Pflug der Gewöhnung zu staatsbürgerlichem Tun aufgelockert,
und b) der durch eine sittliche Gesinnung bereits
gedüngt und vorbereitet ist. Wo die Familie diese
Auflockerung und Vorbereitung übernimmt, da
wird freilich der Same solcher von der Schule
gegebenen Belehrung Früchte tragen; wo sie es
aber nicht tut — und das ist bei weitem die Mehrzahl der Fälle —, da bedeutet diese Belehrung
nichts weiter als Samenstreuen auf Wüstensand.
Kenntnisse sind immer ein äußerst wertvolles Be-
sitztum da, wo sie sich mit dem Willen zum Han-

deln und selbstverständlich auch der Gelegenheit
hierzu verbinden können. Aber es ist ein Irrtum
aller unserer Schulorganisationen, zu erwarten,
daß der Mensch durch Kenntnisse allein zum
rechten Handeln geführt werden kann. „It is fu-
tile to assume, that knowledge of right constitu-
tes a guarantee of right doing", schreibt John Dewey in seinen „Moral Principles".

Staatsbürgerliche Erziehung ist auch
nicht wirtschaftliche oder technische
Erziehung. Gewiß werden viele Eigenschaften
und Tugenden, die auch der Staatsbürger nicht
entbehren kann, bei der rechten Ausgestaltung
einer solchen Erziehung entwickelt, wie Gewissenhaftigkeit, Ehrlichkeit, Ausdauer, Umsicht,
Fleiß, Sparsamkeit, Freude am Schaffen und damit Freude am Leben, Tüchtigkeit im Beruf usw.
Mit der Zunahme der Güte der Arbeitserzeug-
nisse (nicht ihrer Menge), also mit der Steigerung des Bedürfnisses nach qualifizierter Arbeit
und der mit ihm Hand in Hand gehenden Erweiterung, Vertiefung und Versittlichung der
technischen Ausbildung der Arbeiter, wird auch
ihre moralische Erziehungsfähigkeit zunehmen
und ihre ganze Kultur sich heben lassen. Denn
der von Schaffenslust erfüllte Mensch ist ein

ungleich dankbareres Erziehungsobjekt als der
freud- und teilnahmlose Maschinensklave, der
freilich nie mehr ganz verschwinden wird.
Aber die eigentlichen staatsbürgerlichen Tugenden, die ja Tugenden der Rücksichtnahme,
der Hingabesittlichkeit, der moralischen Tapferkeit und Verantwortlichkeit sind, entwickeln sich
nicht von selbst aus der Arbeitstüchtigkeit und
der Arbeitsfreude. Arbeitstüchtigkeit und Arbeitsfreude sind eine notwendige, aber noch lange
keine hinreichende Bedingung für staatsbürgerliche Erziehung. Tüchtigkeit und Schaffenslust
können neben dem rücksichtslosesten Erwerbs-
egoismus und dem unbändigsten Ehrgeiz in
der gleichen Brust wohnen. Ja, es ist geradezu
ein Merkmal nicht bloß unserer wirtschaftlichen
und technischen, sondern auch unserer gelehrten
Schulen, daß in ihren Organisationen und ihrem
inneren Aufbau keinerlei Maßnahmen vorge-
sehen sind, das Zusammenwohnen dieser höchst
ungleichen Brüderpaare mehr und mehr unmöglich zu machen. Im Gegenteil! Alle unsere Schul-
betriebe sind ausschließlich auf die Förderung
des einzelnen gerichtet. Unsere Schulen geben
nicht „an embryonic community life", ein Staatsleben im kleinen, wie es John Dewey, der ausge-

zeichnete amerikanische Philosoph und Päd-
agoge, fordert, unsere Staatsregierungen haben noch wenig Betrachtungen angestellt „sur
la possibilité de rendre les écoles publiques plus
analogues à la vie civile", wie sie einst Freiherr
von Zedlitz, der Kultusminister Friedrichs des
Großen, in einer Akademierede angestellt hat.
So kommt es aber auch, daß gerade unsere tüchtigsten Schüler sehr häufig die Schule verlassen
mit der brennenden Begierde, Sieger zu werden
im Kampfe des Lebens, nicht über sich selbst,
sondern über ihre Mitbrüder, für sich die Palme
des Ruhmes, die größte Macht, das reichste Ein-
kommen zu erwerben, ohne daß sie von schweren
Bedenken der Rücksichtnahme belästigt werden.
Im modernen Industrie- und Beamtenstaat aber
mit seinen rücksichtslosen wirtschaftlichen Kämpfen, seinem fruchtbaren Boden für hochgespann-
ten Egoismus und brennenden Ehrgeiz, seiner
starken Übervölkerung ist die reine Fachbildung
oder auch Gelehrtenbildung ohne geeignete Aus-
beutung im Sinne staatsbürgerlicher Erziehung
weit eher eine Gefahr als ein Segen. Kaum ein
Land litt mehr darunter (und leidet teilweise
noch) als die Vereinigten Staaten von Amerika trotz ihres Reichtums an Manual Training

Schools, Manual Training High Schools und
Technical Colleges. Kein Land ist aber auch stärker erfüllt von dem Gedanken der Notwendigkeit staatsbürgerlicher Erziehung. Was die großen Städte seit etwa zehn Jahren tun, um die
Millionen von Einwanderern aus allen Erdteilen
so rasch als möglich in denkende und von Gemeinsinn erfüllte Staatsbürger umzuwandeln,
scheint mir nach meinen persönlichen Studien im
Lande selbst beispiellos in der Geschichte des Erziehungswesens der Kulturstaaten dazustehen.
Mit großen Opfern werden hier Lasten getragen
zum Unterhalt von öffentlichen Schuleinrichtun-
gen für Kinder und Erwachsene, die lediglich
die Aufgabe haben, den zufließenden Strom der
Menschenmassen im neuen Staatsverbande zu
assimilieren. Andere Mittel fließen, um die ver-
schiedenartigsten öffentlichen Einrichtungen und
Veranstaltungen zu unterhalten, die lediglich dazu
dienen sollen, dem sich entwickelnden staatsbürgerlichen Sinn Gelegenheit zu geben, durch man-
nigfaltige Betätigung sich zu kräftigen. Nebenher läuft nichtsdestoweniger ein immer stärker
werdender Strom von Schulen, die für gründliche
wirtschaftliche und technische Ausbildung zu sorgen haben. Der alte Manchesterglaube, daß diese

Art der Ausbildung die staatsbürgerliche überflüssig machen würde, ist überall im Verschwinden begriffen. Ja mehr als je breitet sich das
Bewußtsein aus, daß die staatsbürgerliche Erziehung, the training for citizenship, das Notwendigste ist, was die Erziehungsorganisationen be-
tonen müssen. „The common schools of our coun-
try must recognise more fully than ever the ne-
cessity of training our youth for citizenship." Das
war eine der elf Thesen, mit welchen die National Education Association of the United States
am 8. Juli 1909 in Colorado die Prinzipien und
Ziele der eigentlichen Erziehung festzulegen versuchte.

Staatsbürgerliche Erziehung ist aber auch
nicht mit politischer Bildung gleichbedeutend. Politische Bildung besitzt der, welcher
sich seine eigene feste Anschauung über den
Staatszweck und über die Mittel zu seiner Erreichung erworben hat und der auch den Willen besitzt, gemäß diesen Anschauungen gegebenen-
falls sein Handeln dieser seiner Staatsidee unterzuordnen. Daß jeder Staatsbürger eine solche
politische Bildung besitzen möge, muß unser aller Wunsch und Streben sein. Aber einmal gehört
hierzu ein nicht unbeträchtliches Maß von Intel-

ligenz. Nur wenige unserer Volksgenossen kommen dazu, eine eigene feste Anschauung über
den Staatszweck und seine Mittel sich zu bilden.
Die allermeisten müssen es anderen überlassen,
für sie politisch zu denken, und die Richtung ihrer
staatsbürgerlichen Tätigkeit ebenso wie ihre politischen Anschauungen bleiben ewig die Wir-
kungen der größeren oder kleineren suggestiven
Macht, welche die Führer und ihre Verspre-
chungen auf sie ausüben. Aber selbst bei jenen,
die ihre eigene politische Anschauung zu bilden
imstande sind, muß noch etwas hinzukommen,
was ihre Anschauungen nicht bloß zum Wollen,
sondern auch zum Handeln führt. Denn zwischen
politischem Wollen und politischem Handeln liegt
ein weiter, weiter Weg. Davon wissen die Führer
aller Parteien ohne Ausnahme ein merkwürdig
gleichgestimmtes Klagelied zu singen. Damit
aber unser rechtes Denken sich von selbst in
rechtes Handeln entlädt, dazu müssen wir von Jugend auf systematisch angeleitet werden. Das ist
ein psychologischer Fundamentalsatz. Aber gerade daran fehlt es in unserer gesamten öffentlichen Erziehung. In dem lesenswerten Buche
von Dr. P. Rühlmann „Politische Bildung", das
mir viel Freude bereitete und dem ich manchen

wertvollen geschichtlichen Vermerk entnommen
habe, ist dieser Punkt nicht genügend gewürdigt.
An einem ganz ähnlichen Fehler leidet unsere Erziehung zur Vaterlandsliebe. Zwar wagen heute
politisch links stehende deutsche Parteien das
Wort selten in den Mund zu nehmen — eine
Zaghaftigkeit, der man ausschließlich im deutschen Volke und in keinem anderen Kulturvolk
der Welt begegnet. Aber auch da, wo die Liebe
zum Vaterlande heilig gehalten wird, glaubt man
vielfach, daß die rechte auf Geschichte und Hei-
matkunde aufgebaute vaterländische Erziehung
eine besondere politische Bildung oder gar staatsbürgerliche Erziehung überflüssig mache. Was
jedoch unser Geschichtsunterricht erweckt, sind
günstigenfalls Vorstellungen und Gefühle und
vielleicht ein von beiden Seeleninhalten getrage-
nes Autoritätsbewußtsein. Aber (wie Rühlmann
in seinem Buch berichtet) Legationsrat von No-
stitz erklärt mit Recht: „Man muß damit rechnen, daß das Autoritätsprinzip auf die Dauer nicht
ausreichen wird, unser Staatsbewußtsein zu tragen. Unsere Zukunft hängt davon ab, daß es uns
gelingt, an die Stelle des blinden Untertanenge-
horsams das Pflichtgefühl des denkenden modernen Staatsbürgers zu setzen" und — wie ich

abermals hinzufügen will — die Gewöhnung, dieses Pflichtgefühl in Handlungen zu entladen. Ich
habe die Überzeugung, daß wir diesem Pflichtgefühl, das zunächst aus gewissen Gewohnheiten im
Dienste einer Werkvollendung zum Segen einer
wenn auch noch so kleinen Gemeinschaft herauswachsen muß, keine bessere Stütze bei den
Massen geben können als durch die Erkenntnis des gesicherten materiellen und geistigen
Fortkommens, die ein geordnetes Staatswesen
dem ehrlich Schaffenden bietet. Das klingt zwar
sehr nüchtern, ist aber dafür psychologisch um
so einwandfreier. Die landläufige vaterländische Unterweisung kann politische Bildung so
wenig ersetzen, wie die politische Bildung die
staatsbürgerliche Erziehung ersetzen kann. Alle
drei sind getragen durch den Auftrieb ihrer
Ideale; aber Vaterlandsliebe ohne politische
Bildung ist ein Luftschiff ohne Lenkbarkeit, und
politische Bildung ohne staatsbürgerliche Erziehung ist ein lenkbares Luftschiff ohne Kom-
paß und Steuerungskarte.

Zu alledem kommt, daß politische Bildung nur
allzu leicht mit parteipolitischer Bildung ver
wechselt wird. Diese aber ist das gerade Gegenteil der staatsbürgerlichen Erziehung, sofern sie

in Reinkultur auftritt. Der extreme Parteipolitiker
kennt kein anderes Staatsideal als das seine, keinen anderen Staatszweck als den von ihm erfaß-
ten, keine anderen Mittel zur Erreichung des
Staatszweckes als jene, die er vorschlägt. Sein
Streben geht dahin, seine Anschauung zur herrschenden zu machen, seiner Partei die ausschließ-
liche Macht zu sichern. Geht jede Partei die gleichen Wege, dann zerstört sie in ihren heißen
Kämpfen den Staat, anstatt ihn zu kräftigen. Der
rechte Staatsbürger aber weiß bei aller Festigkeit
seiner eigenen politischen Gesinnung, daß im modernen Verfassungsstaate die Gedanken- und Ge-
wissensfreiheit den Kern der Staatskraft bildet,
daß auch der ehrliche Gegner das Recht zum
Leben im Staate hat, daß alles Leben im Staate
auf gegenseitigem Verstehen und gegenseitiger
Vereinbarung beruht und daß die Interessen des
einzelnen am besten gewahrt werden durch den
Ausgleich der Interessen aller. Das Ideal der
staatsbürgerlichen Erziehung ist also wesentlich
verschieden vom Ideal der politischen Bildung,
wie sie in den Köpfen der Parteiführer lebt. Nur
so weit, als die politische Bildung auf den Ge-
leisen wissenschaftlicher Objektivität läuft, ist sie
ein wesentlicher Bestandteil der staatsbürger-

lichen Erziehung. Aber gerade weil die wissenschaftliche Objektivität ein wesentliches Merkmal der brauchbaren politischen Bildung ist,
bleibt ihre Verwendung in der staatsbürgerlichen
Erziehung immer nur auf jene Köpfe beschränkt,
deren geistige Anlagen wissenschaftliche Schärfe
und Denkweise zulassen. Für die Massen ist die
frühzeitige Gewöhnung an staatsbürgerliche
Tugenden von weit größerer Bedeutung als die
neutrale politische Schulung.

In seinem Buche „Politische Ethik" (München
1918, Verlag Reinhardt) glaubt Fr. W. Förster (Seite 387 ff.) den Kern der politischen
Bildung darin suchen zu müssen, daß der Mensch
als Staatsbürger fähig ist, in gegebenen Streitfällen über den Interessenten und Parteimann in
seiner Brust den Sieg davonzutragen. Die hier
vorausgesetzte Objektivität der Gesinnung, die
immer allgemeingültige Werte über die subjek-
tiven Wertschätzungen setzt, ist nichts anderes
als die sittliche Bildung überhaupt. Die staatsbürgerliche Bildung ist nur eine bestimmte Form
derselben, die Form nämlich, die durch die Idee
des Staates als eines sittlichen Gemeinwesens,
nach dem alle Mitglieder der Gesellschaft streben müssen, die sonstigen sittlichen Kräfte ge-

wissermaßen organisiert hat. So richtig daher der
Gedanke an sich ist, daß der rechte Staatsbürger in allen Streitfällen die Idee des sittlichen Gemeinwesens — nicht etwa die Interessen
des jeweils gegebenen Staates — über seine persönlichen und Parteiinteressen stellt, so wenig
möchte ich empfehlen, diesen Begriff der staatsbürgerlichen ethischen Bildung durch den in aller
Welt ganz anders genommenen Begriff der „politischen Bildung" zu ersetzen. Unter p o l i t i -
s c h e r Bildung versteht niemand etwas anderes
als das, was oben als ihr Begriff aufgestellt wurde,
wobei weder eine Anschauung über den Staatszweck noch über die Mittel zu seiner Erreichung
festgelegt ist. Die staatsbürgerliche Bildung dagegen schließt bereits eine ganz bestimmte Anschauung vom Staatszweck in sich ein, nach meiner Auffassung die des Vernunftstaates Kants,
wie ich im nächsten Kapitel noch deutlicher zeigen will.

S t a a t s b ü r g e r l i c h e E r z i e h u n g i s t a u c h
n i c h t s c h l e c h t h i n m i t s o z i a l e r E r z i e -
h u n g z u v e r w e c h s e l n. Soziale Erziehung, das
ist Erziehung für den Dienst in der Gemeinschaft,
ist nur dann ein wesentlicher Bestandteil der
staatsbürgerlichen Erziehung, wenn gewisse Vor-

aussetzungen in diesen Begriff mit eingeschlossen sind. Die Hauptvoraussetzung ist, daß man
darunter nicht lediglich einen unmittelbaren
Dienst in der Gemeinschaft versteht. Es gibt Menschen, welche sogar, indem sie den Kulturwert
ihrer eigenen Persönlichkeit zu steigern
trachten, der Gemeinschaft einen großen Dienst
erweisen. Dazu gehören alle wirklich Großen im
Reiche der Kunst und Wissenschaft, nicht jene,
die sich einbilden, es zu sein, sondern jene, die
sich innerlich gezwungen fühlen, ausschließlich
im sittlichen Dienste ihres Ideals von Wahrheit
zu arbeiten. Was wir von ihnen verlangen können, ist nur, daß ihr Gestaltungs- und Schaffens-
drang im bewußten, wenn auch durchaus nicht
unmittelbar gewollten Dienst der Mehrung unserer Kulturgüter steht. Ist das aber der Fall,
dann sollen wir von ihnen weiter nichts verlangen, als daß sie sich dem Dienst ihres besonderen
inneren sittlichen Dranges weihen. Denn die
künstlerische oder wissenschaftliche Wahrheit ist
ja (wie die sittliche) selbst einer der hohen Werte
des Kulturstaates, dessen Förderung unsere
staatsbürgerliche Erziehung, unser Dienst in der
Gemeinschaft bezwecken soll. Sobald die soziale
Erziehung aber allen Menschen der Gemeinschaft

die g l e i c h e n sittlichen Aufgaben und Pflichten
stellen möchte, hat sie nichts mehr mit der
staatsbürgerlichen zu tun. Ich stimme hier mit
H. Schwarz (Das sittliche Leben, Berlin, Reuther
& Reichard, § 30) vollständig überein, der im
Gegensatz zu Kant erklärt, daß aus der Natur der
N e i g u n g des Einzelnen die sittlichen Aufgaben
sich bestimmen müssen. Unsere Erziehung zur
Sittlichkeit, wie sie im Begriff der staatsbürgerlichen Erziehung eingeschlossen ist, kann und
darf nicht darauf ausgehen, den einzelnen von
dem Banne j e g l i c h e r Neigung freizumachen
und in der Nötigung zu einem u n g e r n angenom-
menen Zweck allein den echten Begriff der
Pflicht zu suchen. Unsere Erziehungsaufgabe
kann nur sein, dem Schüler mannigfaltigste Gelegenheit zu geben, sich dem Aufgabendienst seiner irgendwie sittlich gerichteten Neigungen zu
weihen. Der gedankenlose Ruf nach sozialer Erziehung könnte sonst das gleiche Unheil anrich-
ten wie die gedankenlose Forderung der aus-
schließlichen Persönlichkeitspflege.

Faßt man den Begriff der sozialen Erziehung
so enge, wie ihn Fr. W. Förster in seiner „Politischen Ethik" deutet (Seite 387 ff.), so ist gewiß
erst recht die soziale Erziehung nicht mit der

staatsbürgerlichen Erziehung identisch. Soziale
Erziehung, die durch freiwillige Arbeitsgemeinschaften geleistet wird, ist zunächst, wie er meint,
eine Erziehung zur Verträglichkeit mit Gleichstrebenden und Gleichgesinnten. Die staatsbürgerliche Erziehung dagegen schließe in sich auch
die Standhaftigkeit gegenüber der Diktatur der
öffentlichen Meinung, der Partei, oder der gleichstrebenden Berufsgenossen. Das ist vollständig
richtig. Nie habe ich den Begriff anders aufgefaßt; in meiner Abhandlung: „Über ein Grund-
prinzip der Erziehung" (vgl.: Das einheitliche
deutsche Schulsystem, 2. Aufl., Leipzig 1922,
B. G. Teubner) habe ich die m o r a l i s c h e T a p -
f e r k e i t als die größte Tugend des Menschen
und Staatsbürgers erklärt, indem ich (Seite 170)
bemerkte: „Zwei Tugenden sind es, die den sittlichen Charakter kennzeichnen, der moralische
Mut und das selbstlose Wohlwollen; sie sind
beide die s t a a t s b ü r g e r l i c h e G r u n d t u g e n -
d e n."

Zu diesen beiden Tugenden können aber gewiß
die Übungen in lebendiger Arbeitsgemeinschaft,
in Selbstregierung und Selbstverwaltung den
Grund legen; denn es ist gar nicht einzusehen,
weshalb nicht in jeder Arbeitsgemeinschaft, die

aus einer gemeinsamen Wertverwirklichungs-
tendenz herausgewachsen ist, vielfach die Gelegenheit sich bieten sollte, auch die moralische
Tapferkeit zu zeigen und zu üben und nicht
bloß das Wohlwollen und den Geist gemeinsamen Strebens. In den durch Arbeitsgemeinschaft Verbundenen lebt ja nicht bloß der eine
Zweck, der verbindet. Neben ihm leben in den
einzelnen Individuen noch vielerlei Haupt- und
Nebenzwecke, die mit verfolgt werden, und vor
allem sind die Menschen selten einig über die
M i t t e l , die den Zweck der Arbeitsgemeinschaft
verwirklichen helfen sollen. In der Verteidigung
der sittlichen Mittel gegen die unsittlichen ist
vielfache Gelegenheit zur Übung des moralischen
Mutes gegeben. Das scheint Fr. W. Förster über-
sehen zu haben, wenn er den ganzen Wert der
Arbeitsgemeinschaft auf die Erziehung zur Verträglichkeit mit Gleichstrebenden und Gleichgesinnten einschränkt.

Darin aber gebe ich Fr. W. Förster recht,
daß die soziale Erziehung durch die Arbeitsgemeinschaften nicht unweigerlich schon an
sich auch zur staatsbürgerlichen Erziehung führen muß, auch dann nicht, wenn sie ein Übungs-
feld für moralische Tapferkeit ist, wie ich hinzu-

fügen möchte. Das ist eigentlich selbstverständlich, sobald man ins Auge faßt, daß es sich bei
der· Staatsgemeinschaft um die Erfassung einer
höchsten Idee handelt. Diese soziale Erziehung
kann im krassen Egoismus der Arbeitsgruppe
stecken bleiben, was nur zu häufig bei Verbänden
der Fall ist, deren Zweck die Verbesserung der
materiellen Lage ist. Nicht einmal ein ausgepräg-
ter Familiensinn, der doch von Haus aus schon
allseitig gerichtet ist, muß dazu führen. Aber
Familiensinn, Standesgefühl, Gewerkschaftsgesin-
nung sind Wegebereiter für die staatsbürgerliche Erziehung, und sie führen zu ihr, sobald es
gelingt, im Zöglinge den höheren Wert der sittlichen Staatsidee einzupflanzen und diesem Wert
den Wert der Familien-, Standes-, Gewerkschafts-
idee unterzuordnen. Dann findet die höhere Idee
die Willensbahnen für die staatsbürgerlichen
Grundtugenden bereits ausgebildet und verpufft
nicht bloß in staatsbürgerlichen Gefühlen.

Hinter dem Begriffe der sozialen Erziehung
stehen auch noch andere Fragezeichen. Ihr Ziel
kann ebensogut das internationale Weltbürger-
tum sein, wie es sich beschränken kann auf eine
bestimmte Klassen- oder Berufsgemeinschaft.
Was wir aber anstreben müssen, ist die Erziehung

zur Staatsgemeinschaft. Es gibt merkwürdige
Schwärmer, die da glauben, daß jede Erziehung
zu einer bestimmten Staatsgemeinschaft eine
Gefahr bedeute für das friedliche Leben der Staaten und Völker untereinander, eine Gefahr für
die Menschengemeinschaft.

Leider ist die Zahl dieser Schwärmer in
Deutschland weitaus am größten. Der eigene nationale Staat ist für sie etwas, an das man höchstens mit kalten Umschlägen über den Kopf und
mit einem Eisbeutel auf dem Herzen denken darf,
damit man ja die „internationale Brüderlichkeit
aller Proletarier" nicht vergesse. Hoch in Ehren
alle Brüderlichkeit, wenn sie auf Gegenseitigkeit
gegründet und eine schenkende, nicht eine selbst-
süchtige Liebe ist.

Wäre die Erziehung zur nationalen Staatsgemeinschaft eine Gefahr für den Völkerverband,
dann müßte genau ebenso die Erziehung zu einer
bestimmten Familiengemeinschaft eine Gefahr
sein für jenen Staatsverband, der die Gesamtheit
dieser Familien umschließt. Kein Mensch, der
die staatsbürgerlichen Erziehungskräfte kennt,
die in einem gesunden Familienleben sich entfalten, wird das im Ernste behaupten können. Im
Gegenteil. Wären nur alle Familien eines Staates

in der Verfassung, daß sie ausnahmslos die dem
Wesen der Familie zukommenden sittlichen Kräfte
entfalten könnten, unsere Bemühungen um die
staatsbürgerliche Erziehung der Jugend würden
zum großen Teile überflüssig sein. Die sittlichen
Qualitäten, die eine kleine Arbeitsgemeinschaft
unter günstigen Bedingungen zu entfalten imstande ist, kommen jeder größeren Arbeitsgemeinschaft zugute, welche die kleinere in sich
schließt. Ja, die unmittelbare und ungleich inni-
gere Berührung und Interessenverknüpfung in
den kleinen geschlossenen Menschenverbänden
sind die einzige Schule für das friedliche, sich
selbst überwindende Leben in den größeren Ar-
beitsverbänden der Menschen. D e r W e g z u m
w e r t v o l l e n W e l t b ü r g e r g e h t a u s s c h l i e ß-
l i c h ü b e r d e n w e r t v o l l e n S t a a t s b ü r g e r.

Dem Dritten internationalen Kongreß für moralische Erziehung, der Ende Juli 1922 zu Genf
stattfand, legte der ehrenamtliche Schriftführer,
Frederick J. Gould, eine kleine Denkschrift über
grundlegende Normen für die Neugestaltung des
Geschichtsunterrichts vor, die diesen Gedanken
in folgender Form aussprach: „Vaterlandsliebe,
verstanden als Treue zur nationalen Kultur, soll
naturgemäß die Wege bereiten für eine um-

fassendere Treue zur menschlichen Kultur." (Pa-
triotism, considered as loyalty to the national civilisation should naturally prepare the way for
the larger loyalty to human civilisation.) Gould
ist einer der Pazifistenführer — und der Kongreß
billigte einstimmig seine Leitsätze.

Erst wenn alle einzelnen Staatsverbände einst
geschlossene sittliche Gemeinwesen sein werden,
wird auch Aussicht vorhanden sein für eine Menschengemeinschaft, die von den Gesetzen einer
sozialen Ethik nach der gleichen Verfassung regiert wird wie jene für die sittlichen Beziehungen
der einzelnen Menschen untereinander. Bis dahin
wird unter den Völker- und Staatsindividuen das
Recht des Stärkeren herrschen, und es kann keinen Sinn haben, dem eignen Staatsverbande nicht
durch entsprechende staatsbürgerliche Erziehung
die Aussicht auf größtmögliche wirtschaftliche,
moralische und politische Machtentfaltung zu gewähren, nicht zum Angriffe, sondern zum Schutze
gegen die Übergriffe anderer Staaten.

Die rechte staatsbürgerliche Erziehung ist
zwar nicht mit nationaler Erziehung identisch,
schließt diese aber notwendig in sich ein. Sie
muß sich ja der nationalen dinglichen wie per-
sonalen Güter bedienen. Der Staatsbegriff selbst,

den wir in den besten Köpfen erzeugen können,
ist freilich international; er ist eben der Begriff,
den uns die wissenschaftliche Ethik zeigt. Aber
seine Farbe, sein Leben, seinen willenbestim-
menden Einfluß bekommt er aus dem Staatsge-
fühl, das sich aus der Arbeit für und im Dienste
der Entwicklung des eigenen Staates immer kräf-
tiger entwickelt. Die Staatsgesinnung ist immer
etwas Konkretes, im eigenen Staatsvolk Wurzeln-
des. Sie entsteht ganz ungewollt und unbewußt,
sobald wir daran arbeiten, den gegebenen oder,
noch besser, uns persönlich aufgegebenen Staat,
in dem wir als Bürger leben müssen und leben
wollen, unserm Staatsbegriffe entgegenzuführen.
Ja diese aus der eigenen Arbeit gewachsene
Staatsgesinnung scheint mir eine wertvollere zu
sein als die durch Tradition und Belehrung an-
erzogene, die nur allzuleicht eine verkappte Par-
teigesinnung ist. Nichts ist darum unüberleg-
ter von herrschenden Parteien als das Streben,
andere sich international gebärdende Parteien
wegen des angeblichen Mangels an Staatsgesinnung von der gemeinsamen Arbeit am Staatsleben auszuschließen. Nein, ihnen alle Wege zur
Mitarbeit zu ebnen, das ist weise Politik. Man
wandelt nicht ungestraft, aber auch nicht unbe-
lohnt unter Palmen.

Staatsbürgerliche Erziehung ist endlich auch kein Unternehmen, das neben anderen Erziehungszielen hergeht, etwa neben der Erziehung zum Krieger, zum Gelehrten, zum Künstler, zum Geistlichen, zum Landwirt, zum Techniker, zum Kaufmann. Sie ist nicht etwas, was man nebenbei machen kann, was auch noch geschehen muß, um die Erziehung des Menschen vollständig zu machen. Richtig aufgefaßt ist sie die Erziehung überhaupt, die alle anderen Zwecke und Ziele der Menschenbildung einschließt, sofern diese nicht etwa den Herrenmenschen im Auge hat. Denn einfache ethische Überlegungen zeigen uns, daß das höchste äußere Gut der Kultur- und Rechtsstaat im Sinne eines sittlichen Gemeinwesens ist, an dessen Verwirklichung wir im eigensten Interesse unserer sittlichen Persönlichkeit — dem höchsten innern Gut — arbeiten müssen. (Vgl. meine Arbeit „Begriff der Arbeitsschule", 7. Aufl. 1928, Verlag B. G. Teubner, Leipzig.) Dann muß das vornehmste Ziel der Erziehung sein, die Menschen für dieses Ideal heranzubilden, und diese Erziehungsaufgabe muß alle die anderen umfassen. Der rechte Staatsbürger ist dann der, der in treuer Hingabe selbstlos der Erreichung und Verwirklichung dieses sittlichen Gemeinwesens dient. Gewiß muß jeder Bürger dieses Gemeinwesens vor allem seinen Beruf haben, seinen Platz, auf dem er steht, seinen festen Boden, von dem aus er nach seinen Anlagen und dem ihm anerzogenen Können wirkt, und gewiß muß unsere Sorge sein, daß jedem die Möglichkeit wird, nach seinen eigenen Fähigkeiten und Neigungen in einem Berufe tüchtig zu werden. Aber wir müssen Berufserziehung von einer höheren Warte aus erfassen und müssen sie so gestalten, daß der Staatsbürger nicht im Arbeiter, Gelehrten, Künstler, Geistlichen, Landwirt untergeht, daß aber andernteils die sittliche Persönlichkeit nicht dem Staatsbürger geopfert wird.

III. DER EIGENTLICHE ETHISCHE BEGRIFF DER STAATSBÜRGERLICHEN ERZIEHUNG.

Mit den letzten Überlegungen sind wir dem Wesen der staatsbürgerlichen Erziehung bereits sehr nahegekommen. Den Grundgedanken einer solchen Erziehung wenigstens der zwei oberen Klassen hat schon Plato in seinem „Staat" ausgeführt. Nur paßte er seine praktischen Vorschläge nicht dem vorhandenen atheniensischen Staate an, sondern erdachte einen Zwangsstaat mit einer völlig neuen und für alle Zeiten unveränderlich gegebenen Verfassung. So hat auch Fichte seine Ideen zur Erneuerung des deutschen Volkes und seiner Kulturkräfte an nicht allgemein durchführbare Staats- und Erziehungseinrichtungen geknüpft. Das Ergebnis war, daß die glänzenden Vorschläge beider ergebnislos blieben. Wollen wir vorwärtskommen, so müssen wir an die Einrichtungen unseres gegebenen Vaterlandes und dessen verfassungsmäßig geregelte Verhältnisse anknüpfen und seiner bestehenden öffentlichen Erziehungsorganisationen uns bedie-

nen. Wie wir auf diesem Wege dem eben fest-
gestellten Ziele der staatsbürgerlichen Erziehung
näherkommen können, das will ich im folgenden
auseinandersetzen, wobei das Wesen dieser Aufgabe uns nur noch klarer werden wird.

Alle Erziehung muß mit den natürlichen Interessen des Zöglings anheben, und ihr ganzer Erfolg hängt davon ab, wieweit es dem Erzieher gelingt, die Zwecke, die er beabsichtigt, mit den
natürlichen Interessen des Zöglings durch Gewöhnung und Einsicht zu verknüpfen und zu ver-
schmelzen. Selbst die Dressur gelingt am besten,
wenn sie stets diesen Grundsatz im Auge behält.
Eines der stärksten natürlichen Interessen der
überwiegenden Zahl aller Menschen ist, sich
selbst ein ausreichendes Fortkommen zu schaffen.
Je unabhängiger, je freier dieses Dasein ist,
desto erstrebenswerter erscheint sie, mit desto
größerer Kraft und Rücksichtslosigkeit gegen
sich und andere wird nach ihr gerungen. Denn
jeder möchte zunächst von einem möglichst günstigen Sperrsitz aus das Schauspiel der Welt ge-
nießen. Aber für jeden, auch den Glücklichsten
im Kampfe, schlägt die Stunde, wo er fühlen muß,
daß es gar kein wirklich freies, unabhängiges
Dasein gibt, daß die Verfolgung der eigenen

Interessen an den Interessen der anderen ihre un-
übersteiglichen Grenzen findet. Bis dieses Gefühl
zur klaren Einsicht wird, und bis es Einfluß gewinnt, den Willen nach unumschränkter persön-
licher Macht in den Willen zum Interessenaus-
gleich umzubiegen, darüber verstreicht bei Millionen und Millionen, die immer wieder gegen
Unmöglichkeiten ankämpfen, das ganze Leben.
Was wir so am einzelnen Menschen beobachten,
das gilt auch von den großen und kleinen Gruppen der Menschen, die gleiche materielle oder
geistige Interessen mehr oder weniger zusammen-
schmieden. Die meisten der Kämpfe im inneren
wie im äußeren Staatsleben entspringen aus dieser Grundtatsache des gemeinsamen Lebens. Der
Staat und seine Einrichtungen haben zunächst für
den einzelnen wenig Wert. Die Wertschätzung
steigt in dem Maße, als der einzelne seine persönlichen Zwecke, seine Lebensinteressen durch
ihn gefördert sieht. Das ist eine sehr egoistische
und darum höchst bedingte Wertschätzung. An
dieser Tatsache ändert auch die landläufige Vaterlandsliebe nichts, die in flammende Begeiste-
rung ausbricht, solange sie keine Opfer zu bringen hat, die aber nur allzu häufig unter dem
Aschenhaufen des ungebändigten Egoismus ver-

glimmt. Erst bittere Erfahrungen, die nur allzuleicht von Geschlecht zu Geschlecht wieder vergessen werden, erzeugen in den einsichtigen Individuen und Parteien die Idee vom absoluten
Wert des geordneten Staatslebens. Erst eine
lange Vergangenheit, voll von blutigen inneren
wirtschaftlichen, sozialen und verfassungsrecht-
lichen Kämpfen zeigt den Verständigen, daß der
Mensch ewig wiederkehrt, der kleine Mensch mit all
seinen tausendfältigen egoistischen Wünschen, mit
all seinen Machtansprüchen und tyrannischen Neigungen gegen andere, mit all seiner Leichtgläu-
bigkeit für angenehme und Schwerhörigkeit für
unangenehme Dinge, mit all seiner Überzeugung
von der Vollkommenheit seiner eigenen Anschauungen. Wenn die Geschichte uns sonst gar nichts
lehren würde, die e i n e Wahrheit zeigt sie fast auf
jedem ihrer Blätter: Die Menschen müssen sich
ewig schlagen und ewig vertragen. In diesem
Schlagen und Vertragen geht die Entwicklung der
Kultur und vor allem des Staatslebens vor sich.
Der ewige Friede kommt erst mit dem letzten
Menschen. Das Ziel der staatsbürgerlichen Erziehung ist nichts anderes als das Schlagen immer
humaner, das Vertragen immer freiwilliger zu gestalten.

So steigt in den Wissenden das Bild des sittlichen Gemeinwesens auf, das Bild des Rechts- und Kulturstaates, in dem der Widerstreit der Interessen und Anschauungen seinen beständigen Ausgleich in immer menschenwürdigeren Formen sucht und findet, in welchem schließlich die Staatsinteressen sich mit den ausgeglichenen Interessen aller decken. So gewinnen sie das Bewußtsein, daß, wie auch John Morley (zitiert bei F. W. Förster, Staatsbürgerliche Erziehung, Leipzig 1910, B. G. Teubner) in seinem Buche On compromise (London 1898) sagt, alle Staatskultur auf dem m o d u s v i v e n d i zwischen den streitenden Gegensätzen beruht.

Sie wissen, daß dieses Bild ein Idealbild ist, aber sie dienen ihm, weil sie müssen, weil sie die Erkenntnis oder auch nur das Gefühl des unbedingten Wertes eines solchen Gemeinwesens unwiderstehlich dazu zwingt. Sie dienen ihm so lange, als kraft der Verfassung und der sonstigen Einrichtungen auch nur die leiseste Hoffnung besteht, diesen Staat, der ihre heiligsten Interessen schützen helfen soll, dem Ziele zu nähern. Nur wo jede Hoffnung ausgeschlossen ist, tritt der rücksichtslose Kampf gegen ihn ein oder die Auswanderung gerade der besten Elemente, sofern ein an-

4*

derer Staatsbereich ihnen bessere Aussichten für ihre materielle und geistige Existenz zu geben scheint, oder aber Verzicht und damit Stillstand und damit langsamer Verfall des Staates. Aufgabe der staatsbürgerlichen Erziehung ist es nun, zunächst durch die rechte Gestaltung der Schulen, ihrer Schülerverbände, ihrer Arbeitsplätze und Arbeitsmethoden, die Zöglinge zu lehren, einer Gemeinschaft zu dienen, sie an die Pflicht zu gewöhnen, unter freiwilliger Einfügung, Unterordnung, gegenseitiger Rücksichtnahme, und nicht zuletzt unter freiwilligen persönlichen Opfern und unter Hochhaltung der moralischen Tapferkeit diese Gemeinschaft sittlich zu fördern. Sie hat weiterhin in den Zöglingen durch diese gemeinsame Arbeit jenes Verantwortlichkeitsgefühl für alles Tun und Lassen zu erwecken, das allein einen gesunden Boden für die Freiheiten liefert, die wir im modernen Staate so hochschätzen, und sie zu üben, den Widerstreit der Interessen, der auch in den kleinsten Arbeitsgemeinschaften der Menschen schon sich einstellt, nach den Maßstäben der Gerechtigkeit und Billigkeit zum Ausgleich zu bringen. Endlich hat sie zu versuchen, die bei den Zöglingen infolge solcher Einrichtungen zur Gewohnheit gewordene

Empfindung von der Verflechtung der Interessen
aller durch konkrete Beispiele aus der Vergangenheit und Gegenwart derart zu einer bewußten
Vorstellung herauszuarbeiten, daß der Staatsverband mit der fast unübersehbaren Verknüpfung
der Lebensinteressen seiner Bürger nur als ein
ins Riesenhafte vergrößertes Abbild jenes Schul-
verbandes und seiner Einrichtungen erscheint,
der in den Schülern den Grund zu den sozialen
Tugenden bereits gelegt hat. Mit anderen Worten: Das Ziel der staatsbürgerlichen Erziehung
ist die Verwirklichung der Idee des sittlichen Gemeinwesens in einem nationalen Ideale, dem
Ideale des nationalen Kultur- und Rechtsstaates. Es ist das Ideal des Rechtsstaates, insofern die erstrebte Gemeinschaft die Beziehungen
aller Bürger nach den Maßstäben der Gerechtigkeit und Billigkeit regeln soll, es ist das Ideal
des Kulturstaates, insofern sie allen Bürgern ohne
Ausnahme die Möglichkeit gewähren muß, sich
im Sinne der ethischen Kulturwerte nach Maßgabe ihrer Begabung zu betätigen.

Die Aufgabe der staatsbürgerlichen Erziehung
ist also, die Bürger so zu erziehen, daß ihre Tätigkeit bewußt oder unbewußt, direkt oder indi-
rekt dazu dient, den gegebenen Verfassungsstaat,

den sie bilden, diesem unendlich fernen Ideale
eines sittlichen Gemeinwesens, d. h. einer Gemeinschaft von Bürgern, in welcher
die staatliche Rechtsordnung keiner
Zwangsgewalt mehr bedarf, näher zu führen. Ziel und Aufgabe sind damit für alle Zeiten
und Verhältnisse unveränderlich gegeben. Welcher Art auch die Rechtsverfassung des gegebenen Staates jeweils sein mag, und welcher
Art auch die bürgerliche Beschäftigung des
Zöglings im Rahmen dieses Rechtsstaates ist, der
Bürger wird, indem er dem Ideale und nicht
sich selbst oder irgendeiner wirtschaftlichen, politischen oder religiösen Partei dient, immer zugleich auch im rechten Dienst der bestehenden
Verfassung sich befinden, mag sie seiner Staats-
auffassung entsprechen oder nicht. Denn welche
Anschauung vom Staatszweck und den Mitteln
zur Erreichung dieses Staatszweckes eine Partei, die auf dem einzig möglichen Weg
der gegenseitigen Achtung nach einem sittlichen Gemeinwesen strebt, auch beherrschen
mag, immer wird diese Anschauung in die
Idee des Kultur- und Rechtsstaates münden,
wie auch eine aufwärtsgehende Entwicklung
des modernen Verfassungsstaates undenkbar ist,

außer in der Richtung des Kultur- und Rechtsstaates. Gerade aber weil diese Idee nichts aus-
sagt über die Art der zu seiner Verwirklichung
notwendigen verfassungsmäßigen Rechtsverhält-
nisse, weil sie den politischen Anschauungen zunächst mehr oder weniger freien Spielraum läßt
und Entwicklungsmöglichkeiten nach jeder Richtung gestattet, weil sie nicht verlangt, eine gegebene Verfassungsform als ewig unveränderlich zu
betrachten, gerade deshalb steht sie auch nicht
von vornherein im Widerspruch mit den Anschauungen der großen Parteien. Die Idee des
Rechts- und Kulturstaates ebnet so der Möglichkeit die Wege, im beständigen Ausgleich der sich
ewig widerstrebenden Interessen und Anschauungen die Gemeinschaft aller Bürger unter ver-
einter Tätigkeit aller redlich Denkenden dem
Ziele zuzuführen, das zugleich der Wunsch aller
sittlich Gerichteten sein muß. In diesem Ziel und
in dieser Aufgabe allein liegt demnach das Wesen
der staatsbürgerlichen Erziehung.

Staatsbürgerliche Erziehung setzt also einen
ethischen Begriff des Staates voraus. Der
im ethischen Begriff gefaßte Staat ist aber eine
ewige Aufgabe. Jeder Staat, der seine Rechtsordnung gemäß der sittlichen Staatsidee ent-

wickelt, gestaltet zugleich sein positives Recht
zum „richtigen" positiven Recht, d. h. zu jenem
Recht, dessen Normensystem immer mehr den
Normen der Ethik sich nähert.

Die Gesinnung nun, die von dieser sittlichen
Staatsidee getragen ist, für die also der Staat um
der sittlichen Autonomie eines jeden einzelnen
willen ein höchstes äußeres Gut ist, diese Gesinnung nennen wir S t a a t s g e s i n n u n g schlechtweg.

Sie unterscheidet sich von der bloßen R e c h t s -
g e s i n n u n g wie von der G e m e i n s c h a f t s g e -
s i n n u n g wie auch von der bloßen N a t i o n a l -
g e s i n n u n g. Der Rechtsgesinnung liegt der
Wert der Rechtsordnung zugrunde, so, wie sie
nun einmal ist. Die sittliche Staatsgesinnung
jedoch beugt sich zwar dem jeweiligen positiven Rechte, ist aber auf immer größere Versittlichung dieser Rechtsordnung bedacht, da sie
ja auf Versittlichung der Staatsgemeinschaft gerichtet ist. Die Gemeinschaftsgesinnung braucht
weder mit der Staatsgesinnung etwas zu tun zu
haben, noch braucht sie auf eine solche zwangs-
läufig zu führen. Sie kann ebenso einem religiösen Werte und seiner Güterpflege dienen, wie
einem wissenschaftlichen, ästhetischen, wirt-

schaftlichen Werte. Sie kann sich auch über alle Staaten ausdehnen. Aber auch die bloße Nationalgesinnung ist noch keine Staatsgesinnung, wiewohl der Weg zu dieser nur über die nationalen Güter führt. So, wie wir die Staatsgesinnung auffassen, bedeutet sie eine sittliche Idee von solcher Weite und Tiefe, daß sie notwendig über die bloße Nationalgesinnung hinausragt. Sie hat nicht die Enge derselben, schließt sie aber ebenso ein, wie sie eine nationalistische Gesinnung ausschließt. Wären beide Gesinnungen wirklich identisch, so könnten nicht nationale Parteien im Kampfe um gewisse Anschauungen, die sie voneinander trennen, das Staatsinteresse vollständig vergessen, und umgekehrt könnten internationale Verbände oder Parteien trotz ihrer Weltzusammenhänge im gegebenen Moment nicht das Recht ihres nationalen Staates gegenüber der internationalen Gemeinschaft verteidigen.

Das letzte Ziel der staatsbürgerlichen Erziehung ist also die Erziehung zur sittlichen Staatsgesinnung. Diese aber ist nichts anderes als das Erfülltsein von der sittlichen Staatsidee und die Bereitschaft, durch das eigene Tun und Lassen an der Entwicklung des ge-

gebenen Staates in der Richtung der sittlichen
Staatsidee mitzuarbeiten.

Eine volle Verwirklichung dieser sittlichen
Staatsidee ist freilich niemals zu erwarten. Sie
wurzelt in der Idee der Gerechtigkeit, d. h. in
der Idee des gerechten Ausgleichs aller geistigen und leiblichen Interessen, Bedürfnisse, Forderungen seiner Bürger. Der Staat ist aber dieser
Idee nicht entsprungen.

Seine tiefste und stärkste Wurzel ist die Idee
der Macht und Herrschaft. Die Geburtsstunde
der Idee des gerechten Staates konnte erst
schlagen, als die herrschenden Gruppen erkannten, daß ihre wohlverstandenen Interessen mit
den gleichen Interessen der Beherrschten letzten Endes parallel liefen. Unter dem Schutze
der souveränen Macht, wie selbstisch sie auch
gewesen sein mochte, konnte sich, wie alle andere Geistigkeit, so auch die sittliche Idee entwickeln, die nun ihrerseits gestaltend auf das
Machtgebilde des Staates zurückwirkte. Das
war „die Wendung des Geistes zum Staate".
(Vgl. Hans Freyer, „Der Staat", 2. Aufl. 1926,
Ernst Wiegandt, Leipzig; oder auch Theodor
Litt, die philosophischen Grundlagen der staatsbürgerlichen Erziehung, in „Staatsbürgerliche Er-

ziehung", herausgegeben von Campe und Franke, 1924, F. Hirt, Breslau. Auch in Litts Buch, Möglichkeiten und Grenzen der Pädagogik, 1926, B. G. Teubner, Leipzig.) Nun konnte auch allmählich die Idee des vollkommenen Staates, des Platoschen Staates, den die Philosophen regieren, oder des Kantschen Vernunftstaates auftauchen.

Aber „die Realisierung dieser Idee ist mit den Existenzbedingungen leiblich-seelischer Wesen auf einem begrenzten Raume, an denen kein Vordringen des sittlichen Gedankens etwas zu ändern vermag, durchaus unvereinbar. Die ultima ratio des physischen Zwanges ist mit keinem Mittel aus dieser irdischen Welt zu verdrängen" (Litt, a. a. O., S. 27). Das einzige, was der Geist vermag, ist, dahin zu wirken, daß das Rechtssystem der souveränen Zwangsgewalt sich mehr und mehr versittliche. Aber gerade diese Versittlichung bleibt immer „gebunden an die Bedingungen der Lebensformen, die das Einswerden des Staates mit den Forderungen des persönlichen Gewissens ausschließen" (Litt, a. a. O., S. 31). Ich brauche nur an das „Recht" zu erinnern, das der Keudellsche Schulgesetz-Entwurf statuieren wollte. Wie es auch schließlich gestaltet worden wäre, niemals hätte es dem sittlichen Bewußtsein aller Bürger gerecht werden können.

Diese Betrachtungen wollen nur darauf hingewiesen haben, daß, wie sehr auch die Idee des vollkommenen Staates der Gerechtigkeit unser Leitstern für die staatsbürgerliche Erziehung sein muß, jener harmonische Zustand einer Gemeinschaft sittlich freier Bürger im Staate vollkommener Gerechtigkeit niemals kommen wird. Das Paradies auf Erden bleibt ein Traum, ob es in die Vergangenheit hineingedacht oder in die Zukunft hinausprojiziert wird.

Das kann und darf uns aber nicht abhalten von einer immer erneuten und durch alle Generationen zu erneuernden Arbeit im Dienste staatsbürgerlicher Erziehung. Th. Litt meint, daß allen solchen Träumen gegenüber unser Erziehungssystem auf einen „h e r o i s c h e n W i l l e n“ gerichtet sein muß, einen Willen, „dessen Blick unerschütterlich nicht nur auf den äußeren Erscheinungen dieser Welt ruht, sondern, was noch schwerer ist, auch auf den innern Bedrängnissen und Zwiespältigkeiten des Seelenschicksals“ (a. a. O., S. 38). Aber Heroismus bedeutet, das unvermeidliche Schicksal erkennen und es bejahen. Ich getraue mir ein solches Heldentum nur bei den allerwenigsten Sterblichen zu erwarten. Einen fruchtbareren und ausgedehnteren Boden für unsere Bemühungen werden wir finden, wenn wir uns begnügen, in unsern Erziehungseinrichtungen der einen Kardinaltugend eines Staatsbürgers die Wege zu bahnen, dem moralischen Mute (vgl. Kap. V), der dem Heroismus zwar verwandt, aber nicht identisch mit ihm ist, weil er fast immer zugleich von der Erwartung lebt, daß der Einsatz der eigenen Persönlichkeit im Kampfe um das Rechte dem Siege des Rechtes eine Stufe bereitet.

IV. DIE ARBEITSGEMEINSCHAFT ALS GRUNDLAGE DER STAATSBÜRGERLICHEN ERZIEHUNG.

Nun erhebt sich die Frage: Ist ein solcher Plan auch praktisch durchführbar, und zwar durchführbar im Anschluß an die bestehenden öffentlichen Schul- und Erziehungseinrichtungen? Wir haben erkannt: Staatsbürger sein heißt einer sittlichen Idee dienen, einem höchsten Zweck außer uns. Staatsbürgerliche Erziehung ist also ziemlich gleichbedeutend mit Erziehung zu den Tugenden der Rücksichtnahme und der Hingabe an eine höchste sittliche Idee, mit Erziehung zum selbstlosen Charakter. Aber nichts erfordert mehr und gründlichere Arbeit, als gerade diese Seite der Charakterbildung. Den Intellekt auszubilden, ist verhältnismäßig leicht. Denn hier kommt der natürliche Egoismus des Schülers uns entgegen. Der angeborene Verstand drängt von selbst dazu, die ihm angebotene Nahrung zu ergreifen, sofern sie den speziellen Seiten dieses Verstandes angepaßt ist. Bei der Bildung eines Charakters, der

von den Tugenden der Hingabesittlichkeit erfüllt
sein soll, handelt es sich aber um eine Umbie-
gung des egoistisch gerichteten Willens. Alle
unsere öffentlichen Schulen sind zunächst auf
Verstandesbildung hin organisiert. In den nicht
zu häufigen Fällen, wo der Lehrkörper die rechte
Zusammensetzung hat und der Geist der Schularbeit recht erfaßt ist, fördern sie auch den Charakter, aber nur jenen, den uns die Moral der
ersten Stoiker, die Moral der sittlichen Selbstbehauptung vor Augen stellt.

Ganz anders steht es mit der Erziehung zu den
Tugenden der sittlichen Selbstverneinung. Freilich wollen die Schulen auch diese Seite der Charakterbildung, wenigstens steht es gedruckt in
allen Satzungen. Aber systematische Einrichtungen hierzu fehlen ihnen gänzlich, und daher rührt
auch das Versagen aller Schulen in diesem einen
wichtigen Punkte. Den Grund des Versagens will
ich an einem klassischen Bild klarer machen, das
ich in dem bereits erwähnten Buche von John
Dewey „Moral Principles" gefunden habe. „Mir
wurde erzählt," sagt er im zweiten Kapitel, „daß
in einer Stadt eine Schwimmschule eingerichtet
ist, in welcher den Schülern Schwimmen gelehrt
wird, ohne daß sie in das Wasser gehen, einfach

indem sie immer wieder ausgiebig gedrillt werden, die verschiedenen Bewegungen, welche für
das Schwimmen notwendig sind, nachzumachen.
Als nun einer von den so geschulten Jungen ge-
fragt wurde, was er tue, wenn er ins Wasser gehe,
antwortete er lakonisch: ‚Untersinken.' Die Geschichte ist zufälligerweise wahr. Wäre sie es
nicht, so würde es scheinen, als wäre sie absicht-
lich für diesen Zweck gemacht, ein Musterbeispiel für die ethischen Beziehungen der Schule
zur öffentlichen Gesellschaft zu geben. Die Schule
kann keine Vorbereitung für das soziale Leben
sein, ausgenommen sie bringt in ihren eigenen
Organisationen die typischen Bedingungen des
sozialen Lebens. Der einzige Weg, für das Leben
im Staate vorzubereiten, ist, sich zu bewegen im
sozialen Leben. Gewohnheiten, die diesem Leben
wertvoll und dienlich sind, außerhalb irgendwelcher unmittelbarer sozialer Bedürfnisse und Ver-
anlassungen, außerhalb irgendwelcher wirklich
vorhandener sozialer Verhältnisse ausbilden zu
wollen, ist buchstäblich das gleiche, wie den Kindern Schwimmen zu lehren durch Bewegungen
außerhalb des Wassers.''

Ich kann allen Schulmännern und Schulverwal-
tungsbeamten, die die staatsbürgerliche Erzie-

hung zu fördern sich vorgenommen haben, nur
empfehlen, dieses Beispiel unauslöschlich ihrem
Gedächtnis einzuprägen, damit doch endlich einmal die schlimme Verwechslung von staatsbürgerlicher Belehrung und staatsbürgerlicher Erziehung verschwindet. Vor hundert Jahren hat Fichte
in seinen kleinen Wirtschafts-Schulstaaten die sozialen Bedingungen zur Erziehung der deutschen
Jugend im staatsbürgerlichen Sinn schaffen wollen. Seine ausgezeichneten Vorschläge waren
Briefe, die ihn — den Staat — nicht erreichten.
Es fehlte nicht bloß die Einsicht in die Notwendigkeit ihrer Durchführung, sondern vor allem
auch die nötigen Geldmittel, die von Staats-
oder Gemeindeverbänden hierfür aufzubringen
gewesen wären. Würden so unbedingt wirksame Erziehungseinrichtungen, wie die von
Fichte geplanten, nicht mit beträchtlichen Kosten verbunden sein, unser deutsches Land wäre
längst das Paradies der Erziehung. Aber wenn
wir das Vollkommene heute noch nicht erreichen
können, so sollten wir doch alles tun, das Mög-
liche zu verwirklichen.

Um diese Möglichkeit zu erkennen, haben wir
uns zu fragen: Welches sind die Grundverhältnisse, die das soziale Leben im Staat beeinflus-

sen? Wenn wir ähnliche Verhältnisse in unseren
Schulen herstellen können, werden sie sicher ein
geeignetes Mittel bilden zur Erziehung für das
Leben im Staate. Ich glaube nicht fehlzugehen,
wenn ich die Frage beantworte: Diese Grundverhältnisse sind: *a*) die gemeinsame Arbeit mit all
ihren Erscheinungen der Arbeitsteilung, *b*) die
Art der Eingliederung des einzelnen und seines
Wirkens in einen großen wirtschaftlichen Plan
und endlich *c*) die gemeinsame Selbstregierung
mit ihren Bestrebungen zum Ausgleich der Interessen und mit ihrer freiwilligen Unterordnung des
einzelnen unter die von der Gemeinschaft anerkannte Autorität, selbstverständlich soweit sie
nicht der sittlichen Idee widerspricht.

Können wir diese Grundverhältnisse in unserem
Schulleben schaffen? Die Frage ist unbedingt mit
„ja" zu beantworten. Denn die letzten Jahrzehnte
haben uns in Deutschland wie anderwärts einzelne Beispiele gebracht, wo wir sie mehr oder
weniger bewußt, mehr oder weniger wirksam als
Grundpfeiler von Schulorganisationen verwendet
sehen, nicht gerade vielleicht mit Rücksicht auf
die staatsbürgerliche, wohl aber mit Rücksicht
auf die moralische Erziehung des Menschen überhaupt. Ich muß mir versagen, auf eine Schilde-

rung dieser Beispiele einzugehen, um etwa zu zeigen, wie Staat und Gemeinden ohne allzu große
Opfer ihre öffentlichen elementaren wie höheren
Schulen im Hinblick auf diese Aufgabe neuge-
stalten können. Ich kann es um so eher, als ich
in verschiedenen Schriften diesem sehr verständlichen Verlangen in weitgehendem Maße nachge-
kommen bin und als ich in der Organisation des
gewerblichen Erziehungswesens der Stadt München sowie der oberen Klassen der Volksschule
durch 25 Jahre bemüht war, diese Grundforderun-
gen mehr und mehr zu verwirklichen. Damit ist
zugleich gezeigt, daß wir vor keinen Unmöglichkeiten stehen, daß wir nur ernstlich wollen müssen, um vorwärts zu kommen. Aber wie wenig
noch die Grundidee selbst am konkreten Beispiel
erfaßt wird, ersieht man am besten daraus, daß
Hunderte und Tausende von Besuchern unsere gemeinsamen Arbeitsplätze, Werkstätten, Versuchsräume, Schulküchen und Schulgärten lediglich
als Mittel der technischen Erziehung studieren
und an ihnen mehr oder weniger sich erfreuen
oder auch wie gewisse norddeutsche Kleinhandwerker und Industrielle sich ärgern. In die Tiefe
blicken nur wenige, und doch ist nur in dieser
Tiefe der feste Grund zu finden, das den Bau des

5*

rechten Erziehungsplanes zu tragen imstande ist.
Technische wie wissenschaftliche Ausbildung allein — das haben wir bereits gesehen — liefert
im allgemeinen keine Staatsbürger, wenn sie nicht
unter dem Gesichtspunkt der gemeinsamen
Arbeit und der aus ihr sofort entspringenden Mannigfaltigkeit der moralischen Verhältnisse bewußt
gestaltet und für die höchsten Zwecke der Erziehung ausgenützt wird.

Aber die Ausbildung unserer Schüler der technischen und wissenschaftlichen Schulen unter dem
Gesichtspunkt der gemeinsamen Arbeit zu orga-
nisieren, dazu bedarf es an den höheren Schulen
außer den ohnehin meist vorhandenen Werkstätten und Versuchsräume wenig anderer Mittel als
einer geänderten Auffassung der gesamten Erziehungsarbeit. Der von den entwickelten Ideen
erfüllte Geist unserer Lehrkörper wird ohne besondere Geldmittel Hunderte von Wegen auch
in unserer heutigen Gestaltung der höheren Schulen finden, die sie zu einer „Palaestra vitae"
machen.

Erst wenn diese gemeinsame, gründliche,
von Schaffensfreude getragene Arbeit, die im
Mittelpunkt des ganzen Unterrichtes steht, die
Schüler mit wertvollen sozialen Tugenden aus-

gerüstet hat, erst wenn gewisse Einrichtungen der
Selbstregierung, der freiwilligen Unterordnung
unter selbstgewählte Führer und des freudigen
Gehorsams gegen sie, der persönlichen Opfer-
bereitschaft im Dienste der geistigen und sittlichen Förderung der Mitschüler die Tugend der
rechten Rücksichtnahme ausgelöst und jenes mit
der moralischen Tapferkeit zu verbindende, un-
entbehrliche Verantwortlichkeitsgefühl erzeugt
haben, das unser Tun und Lassen regieren muß,
erst dann wird auch die theoretische Belehrung,
der staatsbürgerliche Unterricht im engeren
Sinne, den Boden finden, auf dem er Früchte tragen kann.

Dieser staatsbürgerliche Unterricht ist aber
nicht Bürgerkunde, Gesetzeskunde, Verfassungskunde oder allgemeine Staatslehre schlechtweg,
nicht das, was die nordamerikanischen Schulpläne
als „civil government" bezeichnen. Er ist in seinem
wichtigeren Bestandteil ein ethischer Unterricht.
Er ist in erster Linie eine Lehre von den Pflichten, in zweiter Linie eine Lehre von den Rechten
des Staatsbürgers. Denn erst wer seine Pflichten
kennt, darf von seinen Rechten reden. Er ist eine
Pflichten- und Rechtslehre, die sich teils aus allgemeinen Erwägungen, teils aus der Schilderung

des Zuständlichen im gegenwärtigen Staate und
seinem historischen Werden und Gewordensein
ergibt. Er ist eine Pflichtenlehre im Rahmen der
Berufsaufgaben, in welche der Schüler durch die
Schule eingeführt wird, im Rahmen der Einrichtungen und Rechtsordnungen des auf gemeinsame geistige und manuelle Arbeit gegründeten
oder zu gründenden Schulorganismus (vgl. Abschnitt VI), die sich erweitert auf dem Wege der
Betrachtung des dem Schüler naheliegenden Wir-
kungskreises des Gemeindeverbandes, und die
sich endlich schließt durch die Betrachtung des
Pflichtenkreises in dem ihm noch ziemlich
fernliegenden Staatsverbande. Das nordamerika-
nische Schulwesen kennt diesen Unterricht unter
dem Titel: Civics.

Muß der Unterricht in der „allgemeinen Staatslehre", der Lehre des „civil government", den
oberen Klassen der höheren Schulen im allgemeinen vorbehalten bleiben, so kann umgekehrt
der Unterricht in der staatsbürgerlichen Pflichtenlehre, der Unterricht in den „civics" sehr frühe
schon einsetzen, schon in der Volksschule. Denn
jedem in der Volksschulgemeinschaft aufwach-
senden Kinde kann zum Verständnis gebracht
werden:

a) Was bietet uns die Gemeinschaft durch die öffentliche Fürsorge?

b) Was für Pflichten erwachsen daraus dem einzelnen Mitgliede der Gemeinschaft?

c) Welche Wechselwirkung besteht demnach zwischen den Eigenschaften einer auf Gerechtigkeit und Brüderlichkeit aufgebauten Gemeinschaft und der Sittlichkeit ihrer einzelnen Mitglieder?

d) Was heißt demnach, Bürger einer Gemeinschaft sein, einer Familien-, Schul-, Orts-, Kreis-, Staatsgemeinschaft, welche Ansprüche darf er erheben, welche muß er befriedigen und welche Einrichtungen muß er mit allem Mute verteidigen?

Natürlich wird die Organisation der Schulen nach den Gesichtspunkten der Arbeitsgemeinschaft allein im allgemeinen nicht auch schon eine Organisation für wertvolle moralische Erziehung sein. W. F. F ö r s t e r betont in seinem Vortrage über staatsbürgerliche Erziehung, den er 1910 zu Dresden gehalten hat, mit Recht, daß die Jugend nebenher einer eingehenden sittlichen Pflege bedarf, „einer tiefern Inspiration für den Charakter, einer planvollen Klärung des sittlichen Urteils". Ich glaube jedoch niemals dar-

über Zweifel gelassen zu haben, daß die Arbeitsgemeinschaft auch zu einem körperschaft-
lichen Egoismus führen kann, der ebenso gefährlich ist wie der individuelle. Aber an theoretischer
sittlicher Pflege, an mündlichen Beeinflussungen
des Charakters, an ausgiebigem religiös oder nicht
religiös begründeten Unterricht über moralische
Begriffe ist an den deutschen, österreichischen,
schweizerischen, französischen usw. Schulen kein
eigentlicher Mangel, eher schon an einer systematischen, planvollen Klärung des sittlichen Urteils.
Woran es fehlt, und zwar so gut wie vollständig
fehlt, das sind die systematischen Einrichtungen,
in denen die Gewohnheiten sittlichen Handelns
erworben werden können, eben die Arbeitsgemeinschaften. Sie sind die conditio sine qua non
für alle staatsbürgerliche, d. i. moralische Erziehung. Sie sind es so sehr, daß in gut veranlagten Individuen die rechte moralische Gesinnung
aus sittlichen Gemeinschaften fast ohne alle Belehrung herauswächst, während umgekehrt alle
Klärung des sittlichen Urteils ihren Endzweck
nicht erreicht bei einem Menschen, der niemals
tätiges Mitglied einer sittlich wirksamen Arbeitsgemeinschaft — z. B. der Familie — gewesen ist.

Eines aber hebt F ö r s t e r in seiner „Politischen
Ethik" mit Recht hervor, daß, wenn staatsbürgerliche Erziehung die Unterordnung unter die
sittliche Idee bedeutet, „es notwendig ist, die Tendenz der Seele, ihr ganzes Eigenleben einem
höchsten Gute außer ihr zu unterwerfen, tief zu
begründen und stark zu befestigen" (a. a. O.,
Seite 392). Wenn er jedoch an der gleichen Stelle
behauptet, daß damit letzten Endes j e d e höhere
Staatskultur u n t r e n n b a r ist von der religiösen
Kultur, so gilt das nur unter starken Einschrän-
kungen. Religiöse Kultur setzt zunächst eine entsprechend tiefe Veranlagung voraus, die ebenso-
wenig immer gegeben ist wie die künstlerische
oder die intellektuelle. Sie setzt weiter voraus,
daß die der jeweiligen Veranlagung zugängliche
transzendente Idee und deren Konsequenzen für
das Tun und Lassen nicht in Widerspruch steht mit
der der menschlichen Vernunft wesenseigenen
Idee der sittlichen Staatsgemeinschaft und den
aus ihr quellenden Pflichten, was keineswegs immer der Fall ist. Sie setzt drittens voraus, daß
jede der tausendfältigen Formen, in denen echte
religiöse Kultur sich innerhalb einer Staatsgemeinschaft ausprägen kann, nicht bloß frei sich
ausgestalten darf, sondern auch, wenn sie es

tut, gegenüber andern Formen jene sachliche
Stellung einnimmt, die im Interesse der Gemeinschaft und ihrer Einheit unerläßlich ist. Die Geschichte Deutschlands z. B. hat leider gezeigt,
daß selbst die zwei christlichen Hauptbekennt-
nisse, trotzdem jedes von ihnen in seiner Art zu einer
tiefen religiösen Verankerung der sittlichen Idee
fähig ist, zur Vernichtung des Staates in gewissen Zeiten mehr beigetragen haben als zu seiner
geradlinigen Entwicklung in der Richtung einer
sittlichen Gemeinschaft. Was vollends die christlichen Völker im Weltkriege selbst in ihren g e i s t -
l i c h e n Führern sich geleistet haben in der Schä-
digung der Idee des sittlichen Staates, darüber
darf man billig schweigen. Gleichwohl erkenne
ich an, daß ohne eine echte religiöse Grundstimmung in der überwiegenden Mehrheit der Staatsbürger die sittliche Idee des Staates keine tiefen
Wurzeln schlagen kann, und daß jedenfalls die
staatsbürgerliche Erziehung die Pflege einer solchen Grundstimmung, überall da, wo sie möglich ist, für keinen Fall außer acht lassen darf.

V. ÜBER EINIGE WESENTLICHE MERK- MALE DES STAATSBÜRGERLICHEN CHARAKTERS.

Welches sind nun aber die wichtigsten sitt- lichen Gewohnheiten, die den Menschen als Staatsbürger kennzeichnen? Es ist eine uralte Ein- sicht, daß keine freiwillige Gemeinschaft, vor allem keine auf dem Boden der Freiheit sich be- wegende Staatsgemeinschaft, bestehen kann, ohne daß diejenigen, welche diese Gemeinschaft bilden, von den Ideen der Gerechtigkeit und Billigkeit geleitet werden. Sie sind die beiden Grundpfeiler des Staatslebens, und die Ge- wohnheiten, die sie auslösen, sind die Pfahlwur- zeln der beiden staatsbürgerlichen Grundtugen- den, des vom Sinn für Gerechtigkeit getragenen moralischen Mutes und des vom Gefühl der Billigkeit geleiteten selbstlosen Wohl- wollens.

Ihr gemeinsamer Grundzug ist das Bewußt- sein, daß die äußeren Verhältnisse in der Bewer- tung des Menschen keine Rolle spielen dürfen, daß bei allen Ungleichheiten der äußeren Lage

alle Menschen gleich zu bewerten und gleich zu
behandeln sind, solange keine in den Menschen
selbst liegende Ursache eine Unterscheidung der
Bewertung und Behandlung notwendig macht,
daß dagegen umgekehrt bei aller Gleichheit der
äußeren Verhältnisse dieser Unterschied der Behandlung notwendig stattfinden muß, sobald
in den Menschen selbst ein Grund hierzu gegeben ist.

So einfach und klar diese Forderungen sind, so
schwer fällt es den Menschen, sie wirklich durchzuführen, weil sie in beständigem Kampfe mit
dem Egoismus, mit der Selbstliebe des Menschen
stehen. Von Gerechtigkeit pflegen wir da zu sprechen, wo nach geschriebenem oder ungeschrie-
benem, aber allgemein anerkanntem Rechte für
eine willkürliche Entscheidung keine Möglichkeit
gegeben ist; von Billigkeit in allen den Fällen
von politischen, sozialen und wirtschaftlichen
Fragen, von Fragen des gesellschaftlichen Ver-
kehrs und der Freiwilligkeit der Unterordnung,
von Fragen des Lebens in der Familie und in Be-
rufsverbänden, wo das geschriebene oder unge-
schriebene anerkannte Recht in der Fülle seiner
menschlichen Unvollkommenheiten nicht hin-
reicht, eine eindeutige Entscheidung zu treffen.

Der Staat der vollkommenen Gerechtigkeit
wäre der Idealstaat. Das Ziel aller staatsbürgerlichen Tätigkeit ist, wie wir gesehen haben, unseren Verfassungsstaat diesem Idealstaat näher
und näher zu bringen. Die ganze Lebensaufgabe,
die sich Sokrates gestellt hatte, war, das sittliche
Urteil in allen bürgerlichen und staatsbürgerlichen Fragen vom Gesichtspunkte der Gerechtigkeit zu klären. Vollkommen gut sein und vollkommen gerecht sein waren für ihn identische
Begriffe. Die Bürger gut zu machen war für ihn
gleichbedeutend mit: die Bürger gerecht zu machen. „Es ist Pflicht des rechtschaffenen Mannes, im Staate in einer solchen Weise für den
Staat zu arbeiten, daß die Bürger so gut (d. h. so
gerecht) wie möglich werden", sagt er im Gor-
gias zu Kallikles (ὅπωc ὅτι βέλτιcτοι οἱ πολῖται ὦμεν,
Gorg. 515c). So sehr war Sokrates von dem Gedanken dieser einzigen Pflicht des Staatsbürgers,
die in all seinen Reden und Handlungen zum Ausdruck kommen soll, erfüllt, daß er weder Peri-
kles noch Kimon, noch Miltiades, noch The-
mistokles für gute Bürger hielt, weil sie bei ihrem
Tode die Mitbürger schlechter (d. h. ungerech-
ter) zurückgelassen hätten, als sie waren, da sie
ihnen zum ersten Male als Staatsbürger gegen-

übertraten. „O du wunderlicher Mann,'' sagte er
zu Kallikles, „ich tadle sie ja nicht in ihrer Eigen-
schaft als Diener der Stadt; sie sind sogar bessere Diener gewesen als die gegenwärtigen; denn
sie hatten mehr Begabung, für die notwendigen
Bedürfnisse der Stadt Sorge zu tragen. Aber in
der einen Hinsicht, daß man den Begierden nicht
nachgeben, sie durch Zwang oder Überredung
auf Dinge lenken soll, durch welche die Bürger
gebessert werden sollen, in dieser Hinsicht unterscheiden sie sich so gut wie gar nicht von
den gegenwärtigen. U n d d o c h i s t d a s d i e e i n-
z i g e A u f g a b e e i n e s g u t e n S t a a t b ü r g e r s
(ὅπερ μόνον ἔργον ἐcτιν ἀγαθοῦ πολίτου, Gorg. 517 c).

Gewiß urteilt Sokrates hier zu einseitig. Denn
wie sehr er˙sich auch sein ganzes Leben bemüht
hat, alle Bürger darüber zu belehren, daß und
wie sie Gerechtes tun und Ungerechtes meiden
sollten, so war das Ergebnis doch nur, daß auch
die von ihm belehrten Bürger höchst Ungerechtes verübten, daß sie ihn selbst zum Tode ver-
urteilten, daß also auch er nicht imstande war,
durch seine eigene Tätigkeit die Bürger Athens
weiser und besser zu machen.

Darin aber hatte er vollkommen recht: die
staatsbürgerliche Erziehung steht und fällt mit

der Erziehung des Gerechtigkeits- und Billig-
keitssinnes. Die Forderung, das sittliche Urteil
im Sinne staatsbürgerlicher Erziehung zu klären,
verlangt daher in erster Linie, die Beziehungen
der Bürger zueinander und zum Staate sowie des
Staates zu den Bürgern und des Staates zu anderen Staaten unter dem Gesichtswinkel der Gerechtigkeit und Billigkeit begreifen zu lernen.

Allein schon hier ist leicht zu erkennen, wie
vergeblich die Bemühungen zu solcher Klärung
des sittlichen Urteils in sehr vielen staatsbürgerlichen Fragen sein müssen, wenn man bedenkt,
wie unabsehbar verwickelt im heutigen Staatsleben die Beziehungen der Bürger zueinander und
zum Staate und der Staaten untereinander gewor-
den sind, so daß es selbst der größten Sachkenntnis und der schärfsten Intelligenz in vielen
Fällen nicht gelingt, ein gerechtes Urteil und eine
billige Entscheidung in politischen, wirtschaftlichen und sozialen Fragen zu finden. Dieses Urteil wird um so schwerer, als die natürliche Neigung der überwiegenden Zahl aller Menschen,
es nach Gefühlswerten, nach überlieferten Anschauungen, nach Parteidogmen zu fällen, selbst
bei den geistig Begabten und bei nicht allzu leidenschaftlich veranlagten Menschen kaum durch

die sorgfältigste und weit über die Zeit der Jugend hinausreichende Erziehung dauernd zu überwinden ist und erst Alter und reiche Erfahrung die natürlichen Hemmnisse des sachlichen Urteils kleiner und kleiner werden lassen.

Es ist doch eine recht merkwürdige Erscheinung, daß der Gerechtigkeits- und Billigkeitssinn im kleinen Kinde lebhafter und unmittelbarer wirkt als im Erwachsenen. Die Naivität des Kindes bewahrt es in vielen einfachen von ihm übersehbaren Dingen vor parteiischem Urteil. In dem Maße, als die Naivität schwindet, die egoistischen Überlegungen im Kampfe ums Dasein sich breitmachen und von den Instinkten der Selbsterhaltung genährt werden, in dem gleichen Maße beginnt der aktive Gerechtigkeitssinn mehr oder weniger einzuschlummern, wenn nicht eine sehr sorgfältige Erziehung ihn wach erhält. Der ausgebildete Intellekt tritt nur allzugern in den Dienst der Lüge des Bewußtseins. Nur eine unablässige Schulung nicht nur des Denkens, sondern noch mehr des Handelns vermag den Gerechtigkeitssinn des Kindes in aufsteigender Richtung zu entwickeln. Gerade für diese Schulung fehlt aber jede systematische Einrichtung in den Volksschulen wie in den höheren Schulen. Das sachliche

Denken in den wissenschaftlichen Sachgebieten
allein gibt keine Gewähr für sachliches Denken
in sittlichen und staatsbürgerlichen Fragen, und
die objektive E r k e n n t n i s der Wahrheit gibt
noch lange keine Gewähr für das subjektive B e -
k e n n t n i s zu dieser Wahrheit. Da aber dieses
sachliche Denken bei der Mehrzahl der Menschen
aus Mangel an entsprechender Begabung überhaupt nur mäßig gefördert werden kann und
auch dann nur in leicht übersehbaren, nicht allzu
verwickelten Fragen, führt auch diese Art der
Klärung des sittlichen Urteils in staatsbürgerlichen Angelegenheiten nur zu unbefriedigenden
Ergebnissen.

Hier hat zwar die staatsbürgerliche Belehrung
keineswegs zu unterbleiben, aber das Schwerge-
wicht ist auf die Erziehung des M i ß t r a u e n s
g e g e n d a s e i g e n e s e l b s t h e r r l i c h e U r t e i l
zu legen. Denn ein Urteil stellt sich in jedem
Falle auch bei den beschränktesten Köpfen ein.
Schon bei den Begabten, noch mehr aber bei den
Unbegabten ist es eine der vornehmsten Aufgaben des staatsbürgerlichen Unterrichts wie vielleicht jedes einführenden Unterrichtes, den Schüler die Unzulänglichkeit des eigenen Urteils empfinden zu lassen und in ihm das Gefühl der Be-

scheidenheit zu erziehen, aus dem dann geeignete
Erziehungsmaßnahmen, wie sie die rechte Organisation der Arbeitsgemeinschaft von selbst dar-
bietet, jenes andere unerläßliche, weit höhere Gefühl herauswachsen lassen, das in unserm ganzen
öffentlichen Staatsleben so bitter vermißt wird,
das Gefühl der Verantwortlichkeit für
alles, was der einzelne redet, schreibt, tut und für
alles, was er trotz seiner staatsbürgerlichen Pflichten unterläßt. Ich kenne kaum ein deutlicheres
Zeichen staatsbürgerlicher Unreife als den Mangel dieses Verantwortlichkeitsgefühles, und nie
tritt er schärfer in die Erscheinung als in den
Parteikämpfen des Verfassungsstaates. Das Streben, die Massen aufzupeitschen für die Partei-
ideale, läßt große Parteien nur allzusehr vergessen, daß es sehr viel leichter ist, den Massen zu
schmeicheln, als sie urteils- und regierungsfähig
zu machen. Der Mangel an Verantwortlichkeitsgefühl ist eines der größten Hindernisse für die
Entwicklung des gegebenen Staates zu einem
Rechts- und Kulturstaat, ganz gleichgültig, ob
dieser gegebene Staat eine monarchische oder re-
publikanische Verfassung hat. Die sittlich wie
geistig Hochveranlagten, also die zur Führung
der Staatsgeschäfte am ersten Geeigneten, bilden

in jeder Staatsgesellschaft die große Minderheit.
Was übrigbleibt, bedarf ewig der Führung zu
den Idealen dieses Rechts- und Kulturstaates.
Diese Führung wird unmöglich, wenn nicht alle,
Führer wie Geführte, ein starkes Verantwortlich-
keitsgefühl beherrscht.

Aber nicht bloß die Erziehung zur Verantwortlichkeit für das, was man tut, ist eine Grundforde-
rung der staatsbürgerlichen Erziehung, sondern
auch die Erziehung zur Verantwortlichkeit für
das, was man unterläßt. Die Wahrheit in staatsbürgerlichen Fragen zu e r k e n n e n, ist Aufgabe
der staatsbürgerlichen Belehrung. Die Lösung
dieser Aufgabe ist, wie wir erkannt haben, in
sehr vielen Fällen, und gerade den schwierigsten,
in gar keiner Weise allgemein möglich. Die intellektuellen Fähigkeiten des Zöglings, die äußeren Verhältnisse, in denen er lebt, die Zeit, welche
er solchen Studien widmen kann, die Überfülle
der Staatsaufgaben, die verwirrende Mannigfaltigkeit der Beziehungen der Bürger untereinander und zum Staate, vor allem aber die mangel-
hafte Einsicht der Wissenschaft selbst, die diese
Fragen zu beantworten hat, lassen hier unsere
Wünsche auf ein höchst bescheidenes Maß herab-
sinken; nur die allereinfachsten Dinge und die

6*

allgemeinsten Gesichtspunkte können hier dem
Verständnis der Massen nahegelegt werden. Alle
verwickelten Anschauungen, Begriffe und Ur-
teile vermag nur ein sorgfältig angelegter, geschichtlich unterbauter Unterricht auf der Hoch-
schule, in Verbindung mit selbständigen Arbeiten und Übungen in den Köpfen entsprechend in-
telligenter Menschen zu erzeugen und klarzulegen.
Freilich den Schülern mitzuteilen, wie viele Mi-
nisterien ein Staat hat, wie die Parlamente zusam-
mengesetzt sind, wie die Justiz und die Verwaltung eines Landes organisiert ist, wie man mit
Staatsbehörden zu verkehren hat, was mittelbare
und unmittelbare Städte sind, welches die wichtigsten Punkte eines Lehrvertrages sind, welche
wesentlichen Punkte bei der Arbeiterversiche-
rung in Frage kommen, was für Aufgaben die
Innungen haben usw. usw., das hat keine Schwierigkeiten. Aber das ist bei weitem nicht die vornehmste Aufgabe der staatsbürgerlichen Belehrung. Die vornehmste Aufgabe ist und bleibt, das
staatsbürgerliche Denken zu entwickeln, wie es
z. B. in dem kleinen Buche von Dunn „The Community and the Citizen" (Boston 1909, Heath
& Co.) in so geschickter Weise für die heran-
wachsende Generation der nordamerikanischen

Union versucht wird. Aber diese Aufgabe wird weit mehr eine Aufgabe der höheren als der niederen Schulen sein.

Anders liegt es mit der Frage der Erziehung zur Verantwortlichkeit für das, was man unterläßt. Die einmal e r k a n n t e n Wahrheiten, mögen sie noch so bescheiden sein, ohne Rücksicht auf sich selbst, auf eigenen Vorteil oder Nachteil, lediglich im Dienste der Gerechtigkeit und Billigkeit durch Wort und Tat b e k e n n e n, das ist eine Aufgabe der staatsbürgerlichen Erziehung, die zwar auch ihre großen Schwierigkeiten hat, die aber doch viel allgemeiner durchgeführt werden kann. Denn auch hier ist genau so wie bei dem ursprünglicher Gefühl für Gerechtigkeit das noch nicht schulpflichtige Kind sehr oft dem schulpflichtigen, ja sogar dem schulentlassenen Kinde voraus. In seiner Harmlosigkeit legt es nur zu oft Zeugnis ab, was ihm gerecht, billig, wahr erscheint. Es ist ein altes Sprichwort: „Kinder und Narren sagen die Wahrheit." Tausende von kleinen Knaben und Mädchen treten trotzig ein für das, was sie nach ihrer kindlichen Einsicht als Wahrheit erachten. Um so merkwürdiger ist es, daß diese m o r a l i s c h e T a p f e r k e i t bei den meisten Menschen immer stiller wird, je älter sie werden. Gewiß liegt ein psychologischer Grund vor, der die Erscheinung erklärt. Unsere Einsicht in die Bedingtheit so vieler Wahrheiten des gewöhnlichen Lebens steigert sich, bittere Erfahrungen machen uns vorsichtiger, die Lust zum beständigen Kampf nimmt ab, das Bedürfnis nach eigener Ruhe und Behaglichkeit nimmt zu, die Erfolge im Kampfe für Wahrheit und Gerechtigkeit sind dürftig, kluge Berechnungen sagen uns Schaden für unser eigenes Wohl voraus. Diese und noch verschiedene andere Ursachen lassen uns den steigenden Mangel an moralischer Tapferkeit begreifen.

Aber alle diese Ursachen wirken nur deshalb so ungehemmt, weil wir so gut wie gar keine Erziehungseinrichtungen haben, welche die ursprünglichen Instinkte, für Wahrheit und Recht einzutreten, entwickeln, steigern und zu Gewohnheiten werden lassen. Daß wir so viele, so unendlich viele Staatsbürger haben in Deutschland, deren heiligster Grundsatz ist: „Was dich nicht brennt, das blase nicht", die höchstens die Faust in der Tasche ballen, wenn sie andere Unrecht leiden sehen, das ist nicht bloß die Schuld unserer psychologischen Entwicklung. Wie kommt es denn, daß die landläufigen, oft recht wenig vornehmen Anreden und Bezeichnungen von Schülern, die eine nicht ganz kleine Zahl von Lehrern höherer und elementarer Schulen in ihren Klassen Schülern gegenüber zu gebrauchen beliebt, in guten englischen Schulen vollständig unmöglich sind? Gewiß nicht, weil die psychologische Entwicklung des Engländers im wesentlichen eine andere ist als die des Deutschen. Der englische Junge einer guten Sekundarschule, wie sie die Great Public School und verwandte Schulen darstellen, tritt freimütig dem Lehrer gegenüber, wenn er glaubt, von ihm beleidigt zu sein. Er will ebenso vornehm behandelt sein, wie sein Lehrer von ihm behandelt zu sein wünscht. Die gesunde Selbstregierung, welche so viele der großen Sekundarschulen eingerichtet haben, erzieht ihn zu moralischer Tapferkeit. Da unsern Schulen dieser Geist der Selbstregierung fehlt, so finden wir zwar viele Unbotmäßigkeiten den Lehrern gegenüber, aber verhältnismäßig wenig moralische Tapferkeit, die sich nicht ohne ständige Übung entwickelt.

Wie notwendig die Übung hier ist, kann jeder an sich selbst bemerken. Haben wir jahrelang keine Gelegenheit gehabt, unter schwierigen Verhältnissen, unter Mühsalen und Gefahren für uns selbst, für eine anerkannte Wahrheit einzutreten, ein Unrecht aus der Welt zu schaffen, ein böses Wort, das uns von einflußreichen Menschen zuteil wurde, mit Ruhe abzuweisen, wie schwer wird es uns, tapfer zu sein, wenn nach langer Pause das Gewissen uns mahnt, wie glücklich sind wir, wenn wir der Stimme des Gewissens gefolgt sind! Die deutsche Rasse ist durchaus nicht unbegabt für diese Tugenden. Das Bürgertum hat sie in einer langen Leidensgeschichte vielfach betätigt, trotz der zahllosen Spießbürger, die nicht minder bezeichnend sind für das deutsche Volk. Wenn uns heute Bürgertum und Adel Englands, soweit sie den wirklich gebildeten Kreisen angehören, darin überlegen zu sein scheinen, so verdanken sie das nicht zum wenigsten der Überlieferung der Schulen, auf denen sie ihre vornehme Erziehung genossen haben.

Diesem Mangel an bürgerlichem Mute oder an moralischer Tapferkeit in staatsbürgerlichen Angelegenheiten steht als ebenso unerfreuliches Gegenstück der Mangel an Fähigkeit zur Seite, in politischen, religiösen und moralischen Fragen fremde, den eigenen Anschauungen entgegengesetzte Meinungen gelassen anzuhören und zu ertragen. Der Hagel von Beschuldigungen, ja Be-

schimpfungen, der während des Krieges bei-
spielsweise bei uns auf die Pazifisten niederging,
steht in auffallendem Gegensatz zu der Ruhe, mit
der in England die Friedensfreunde sich äußern
konnten. Ein Artikel, wie ihn B e r n h a r d S h a w
im D e z e m b e r 1914 unter dem Titel „The last
spring of the old lion" in einer englischen Zeitung veröffentlichte, mit seinen England so be-
lastenden Aussagen über die tiefsten Ursachen
des Krieges, den dann die Norddeutsche Allgemeine 1918 nach dem Reinwaschungsversuch des
Fürsten Lichnowsky in ihrer Nummer 138 veröffentlichte, wäre in Deutschland mit ungeheu-
rer Entrüstung und unter Ächtung des Verfassers
angegriffen worden. Der bewunderungswürdige
politische Sinn der Engländer ließ seine Presse
schweigen. Ich könnte, wenigstens was Großbritan-
nien betrifft, dieses Beispiel leicht verzehnfachen.

Es ist ganz unzweifelhaft ein Maßstab für die
staatsbürgerliche Erziehung, w i e wir dem politisch völlig anders denkenden Gegner gegenüber-
treten. Wenn wir das Wesen der Staatskultur in
der Fähigkeit zum friedlichen und immer ge-
rechteren, also sittlicheren Ausgleich der wider-
streitenden Interessen der Bürger erblicken, dann
war der bodenlose Haß, mit dem die Gegner des

rücksichtslosen U - Boot - Krieges in Deutschland
von seinen Anhängern behandelt wurden, kein
Zeichen der Staatskultur. Als ich im Jahre 1917
in zwei politischen Versammlungen den Nach-
weis zu führen versuchte, wie gefährlich der rücksichtslose U - Boot - Krieg dem deutschen Vaterlande werden kann, als ich die Befürchtung aussprach, seine Folge werde sein, daß die Geld-
fürsten der Vereinigten Staaten von Nordamerika nach einigen Jahren um den Leichnam
Europa Indianertänze aufführen werden, war ich
lange das Ziel der giftigsten Pfeile, obwohl lediglich meine eigenen Parteifreunde an diesen
Versammlungen teilnahmen. Zu Lincolns Zeiten
war es in den Vereinigten Staaten noch Sitte, daß
die beiden politischen Gegner, die Demokra-
ten und Republikaner, stets von ein und derselben Plattform, vor ein und demselben Publikum
ihre Kandidatenreden hielten. Damit waren Red-
ner und Publikum von selbst zu einer gewissen
Sachlichkeit genötigt, und die Erfolge mußten
weit mehr als durch die bei uns beliebte, aber in
Gegenwart des Gegners immer gefährliche Über-
treibung, mit den Waffen tiefer Sachkenntnis, lo-
gischer Entwicklung und vor allem des feinen
Humors errungen werden. Es ist heute auch dort

eine Verwilderung eingerissen; aber eine Anek-
dote aus Lincolns Leben ist wert, als Beispiel
staatsbürgerlicher Formen des Wahlkampfes der
Erinnerung erhalten zu bleiben. Als bei einem
Wahlfeldzug um die Präsidentschaft der kleine,
dicke Gegner Lincolns, Mr. Parker, eine Wahl-
rede mit den Worten schloß: Mitbürger, wenn
ihr Mr. Lincoln [der bekanntlich fast zwei Meter
Länge hatte] zum Präsidenten wählt, dann werdet ihr nach wenigen Monaten mit dem Psalmisten ausrufen: „O Gott, wie l a n g e noch wird
dieses Unglück dauern", da brach Lincoln dem
stürmischen Freudenausbruch am Schlusse seiner
Kandidatenrede die Spitze: „Ich aber sage euch,
wenn ihr erst Mr. Parker zum Präsidenten haben
werdet, so werdet ihr in noch viel kürzerer Zeit
mit dem andern Psalmisten klagen: ‚O Gott, wie
k u r z war unsere Freude!'"

Wenn nun auch der feine Humor eine Sache
besonderer Begabung ist, die nur wenige besitzen,
die r i t t e r l i c h e B e h a n d l u n g des Gegners ist
Sache der Erziehung, die unzweifelhaft mit zur
staatsbürgerlichen Erziehung gehört. In dieser
Erziehung der angelsächsischen Rasse, vor allem
des schottischen Stammes, spielen vielleicht die
alten englischen „D e b a t i n g C l u b s", die wir

an Volks-, Mittel- und Hochschulen nicht bloß
Englands, sondern besonders auch der Vereinigten Staaten finden, eine sehr beachtenswerte
Rolle. Unseren Schulen in Deutschland sind sie
gänzlich unbekannt. Wenn die neue Zeit endlich
der Selbstregierung der Schulen auch bei uns jene
Bahn bricht, welche ihr der alte Obrigkeitsstaat
verschlossen hat, und zwar nicht bloß durch Mi-
nisterialerlasse, sondern aus einem echten demokratischen und sozialen Geiste heraus, dann
wird wohl auch dieses Mittel für staatsbürgerliche Erziehung die Hochschätzung errin-
gen, die es verdient. Nur wird es bei uns v o n
v o r n h e r e i n der Aufstellung eines Sitten-
gesetzes bedürfen, dessen erste Norm lautet: Die
wirksamsten Waffen in der Redeschlacht sind ein
H u m o r , der nicht verletzt, eine S p r a c h e , aus
der immer die Achtung vor dem Gegner spricht,
und ein T o n , der, ohne stolz oder herablassend
zu sein, selbst da die Ritterlichkeit nicht verleug-
net, wo der Gegner kleinlich oder geringschätzig
von uns spricht. Eine so geleitete Übung in
Rede und Gegenrede, die natürlich ohne Sachkenntnis unmöglich ist, kann schwerlich ohne sittliche Wirkung bleiben; sie wird die staatsbürgerliche Erziehung in Form und Inhalt mehr fördern

als alle bloß moralischen Betrachtungen über gesellschaftlichen und staatsbürgerlichen Verkehr
der Menschen. (Vgl. auch noch das nächste Kapitel S. 107 bis 110.)

Neben der Erziehung zur moralischen Tapferkeit und zur brüderlichen Gesinnung (oder dem
selbstlosen Wohlwollen) muß die staatsbürgerliche Erziehung im gegenwärtigen Deutschland
aber auch noch ganz besonders auf die Ausbildung jener Eigenschaften bedacht sein, die einst
unser allgemeiner Heeresdienst, da wo er im rechten Geiste geleitet wurde, in Hunderttausenden
erzeugte. Man nannte diese Eigenschaften oft
kriegerische Tugenden; aber sie sind ebensosehr
Tugenden oder Tüchtigkeiten des Friedens: Ausdauer im Ertragen körperlicher Mühseligkeiten,
freiwilliger aber unbedingter Gehorsam den gemeinschaftlichen Führern, Unerschrockenheit und
jene Achtung vor den Vertretern der Staatsidee, die
uns hindert, anders als mit den vornehmsten Waffen gegen sie aufzutreten, wenn sie diese Staatsidee in ihrem Denken und Tun unzulänglich verkörpern. Vielleicht liegen alle diese Eigenschaften schon auf dem Wege der Erziehung zum moralischen Mute. Aber die Gegenwart zwingt uns,
sie besonders zu bezeichnen.

Heute ist unser Heer zerschlagen, und zerschlagen ist damit zugleich eine Einrichtung für die Erziehung zu diesen staatsbürgerlichen Eigenschaften.

Aber wenn wir keine Mittel finden, sie auf anderm Wege zu erziehen, dann geht die deutsche Staatsgemeinschaft ihrem sichern Untergange entgegen. Der ausgezeichnete, noch vor dem Kriege verstorbene Philosoph Nordamerikas, W. James, der den pazifistischen Kreisen nahestand, schrieb im Februar 1910 einen Aufsatz über „den moralischen Gegenwert des Krieges", der auch denen zu denken geben mag, die nichts mehr wissen wollen von Heer und Heereszucht. Er ist als Sonderdruck Nr. 27 veröffentlicht unter den „Publications of the American Association for international Conciliation (New York, 407 West 117th Street). Ich will hier einige Sätze daraus unsern deutschen Politikern zur Kenntnis geben. „So lange als die Antimilitaristen", sagt James, „für die Erziehungskräfte des Krieges keinen Ersatz vorschlagen, keinen moralischen Gegenwert, ähnlich dem mechanischen Wärmeäquivalent, wie man sagen könnte, so lange vergegenwärtigen sie sich nicht das wahre Wesen dieser Verhältnisse.... Ich glaube nicht, daß

ewiger Friede auf dieser Erde jemals sein
wird oder überhaupt sein soll, wenn nicht
die im Sinne der Friedensidee organisierten Staaten einige der alten
Elemente der Heereszucht bewahren. In
der mehr oder weniger sozialistischen Zukunft,
welcher die Menschheit entgegenzusteuern scheint,
müssen wir uns selbst gemeinsam jenen strengen
Maßnahmen unterwerfen, die unserer wirklichen
Lage auf dieser ohnehin nur teilweise gastlichen
Erde entsprechen. Wir müssen zur Tatkraft und
Kühnheit erziehen, in denen sich jene Mannhaf-
tigkeit fortsetzt, an der die militärische Seele so
voll Glauben hängt. Kriegerische Tugenden müssen das haltbare Bindemittel der Gemeinschaft
sein: Unerschrockenheit, Verachtung jeder Weich-
lichkeit, Preisgabe von Sonderinteressen, Gehorsam gegen den Befehl —, all das muß weiterhin
der Felsen bleiben, auf dem die Staaten aufgebaut
sind, wenn wir nicht tatsächlich gefährliche, dem
Gemeinwohl entgegengerichtete Strömungen her-
aufbeschwören wollen, die nur zu leicht zu An-
griffen einladen, wenn irgendein Kristallisations-
mittelpunkt für kriegerische Unternehmungen
sich irgendwo in der Nachbarschaft bildet.

Die Kriegspartei ist sicherlich im Recht, wenn

sie immer und immer wieder versichert, daß kriegerische Tugenden unbedingte und unver-
gängliche Güter der Menschheit sind, ob-
gleich sie ursprünglich durch Krieg von der Men-
schenrasse erworben wurden. Vaterländischer
Stolz und Ehrgeiz in ihrer militärischen Form
sind nur Sonderfälle einer allgemein verbreite-
ten Neigung zum Wetteifer. Sie sind die ersten
Formen, aber kein Grund besteht anzunehmen,
daß sie auch die letzten Formen sein werden."...

In der Tat, die letzte Form vaterländischen
Stolzes, wenn dieses Wort nicht besser ersetzt
wird durch vaterländische Gesinnung,
muß und wird einst diejenige sein, die um der
sittlichen Kultur des eigenen Volkes willen und
nicht um des äußeren Glanzes und der weltbeherr-
schenden Macht willen die Bürger des Staates zu
gemeinsamem Tun zusammenschmiedet.(Vgl.
auch Kap. VIII.)

VI. PRAKTISCHE BEISPIELE FÜR DIE STAATSBÜRGERLICHE ERZIEHUNG AN HÖHEREN SCHULEN.

Vor allem sind es die Great Public Schools und eine Anzahl verwandter Private Secondary Schools, die nach ihrem Muster in ihrem Hausbetrieb und seiner Gestaltung des gemeinschaftlichen Lebens mannigfache Einrichtungen besitzen oder doch anerkannter Weise besaßen, das Verantwortlichkeitsgefühl im allgemeinen wie die moralische Tapferkeit im besonderen zu nähren und zu pflegen. Erst in neuerer Zeit, aber nicht aus dem Antriebe der Schulen selbst heraus (mit Ausnahme der Landerziehungsheime und einiger alter Schulen), scheinen wir in Deutschland in den Wehrkraftvereinen, Pfadfindergruppen und gewissen gut organisierten Wandervögelverbänden Erziehungseinrichtungen zu gewinnen, die, wie sie heute schon eine Schule der Hingabe an andere, eine Schule für Ertragung von Entbehrungen, eine Schule für Selbstüberwindung bilden, so auch zu einer wertvollen Schule für die Entwicklung

aller Formen des Verantwortlichkeitsgefühles
gemacht werden könnten. Unerläßlich ist nur,
daß die Leiter dieser Verbände nie vergessen,
wie wenig die Übungen des körperlichen
Mutes, der Körperkraft und der Ausdauer in
leiblichen Entbehrungen für die Entfaltung des
moralischen Mutes, der geistigen An-
strengung und der sittlichen Ausdauer bedeuten und wie notwendig es daher ist, daß alle
Unternehmungen und Leistungen dieser Verbände mit sittlichen Motiven durchtränkt und
durch sie vergeistigt werden. Vor allem werden
alle Formen der Selbstregierung, die wir nach
der Beschaffenheit der Schüler, je nach dem
Geiste und der Güte des Lehrkörpers an
unseren höheren Schulen zu gewinnen imstande
sind, stets so eingerichtet werden können, daß
sie zugleich nützliche Erziehungsgelegenheiten
zur Pflege des vom Pflichtgedanken getragenen
Verantwortlichkeitsgefühles werden.

Wie diese Einrichtungen nun beschaffen sein
müssen, darüber geben die erwähnten englischen
Schulen genügenden Aufschluß. Gewiß nicht
alle; vor allem nicht die Volksschulen und Fortbildungsschulen Englands, die in vieler Hinsicht
noch weit hinter den deutschen Schulen zurück-

stehen. Bei weitem auch nicht alle die zahlreichen Privatschulen für höhere Bildung, die sehr
verschiedenartig sind in ihren Erziehungswerten
und in ihren Reihen neben ausgezeichneten In-
stituten auch eine große Anzahl völlig wertloser
aufweisen. Wohl aber die alten Great Public
Schools in Eton, Harrow, Rugby, Winchester
usw., gerade die Schulen, in denen die Söhne der
besten Familien in Verbindung mit den Colleges
der beiden alten Universitäten Oxford und Cambridge für das Leben im Staate vorbereitet werden. Ich will meine eigenen Beobachtungen, die
ich vor allem in Eton und Oxford gemacht habe,
hier nicht in den Vordergrund drängen. Ich will
den großen englischen Freund deutschen Wesens und deutscher Kultur sprechen lassen, Lord
R. B. Haldane. In seiner Rektoratsansprache an
die Studierenden der Universität Edinburg 1907
sagt er: „Wir sind erzogen, uns nicht auf den
Staat zu verlassen, der uns vielleicht zu wenig
Hilfe gewährt; wir sind erzogen, uns auf uns
selbst zu stützen. Die Gewohnheit des Selbstver-
trauens, die Gewohnheit, uns nach nichts umzu-
schauen, das uns helfen könnte, hat in uns die
Fähigkeit der persönlichen Unternehmungslust
und die Fähigkeit, in unzivilisierten Gegenden

7*

zu regieren, in einer Weise entwickelt, die gar manchen nachdenklichen Deutschen sinnen und fragen läßt, ob wohl alles bei ihnen in der Reihe ist. Sie weisen auf unsere Great Public Schools und vergleichen sie mit ihren eigenen großen höheren Schulen. Und manche von ihnen fragen sich heute, ob das deutsche Gymnasium mit seinem fehlerlosen Bildungs- und Unterrichtssystem in der Tat überhaupt wetteifern kann mit unserem eigenen unorganisierten Eton und Harrow, wo das Studium selbst vielleicht mangelhaft ist, aber wo die Knaben wie in einem kleinen Staat sich selbst regieren und von ihren Lehrern dazu ermutigt werden."

Das Wesen der Erziehung in diesen Schulen besteht darin, daß jeder Schüler an einer oder mehreren Arbeitsgemeinschaften persönlichen Anteil nimmt. Diese Arbeitsgemeinschaften umfassen nie eine allzu große Menge von Schülern, sondern immer nur kleinere Gruppen. Die Einteilung der Schüler in eine große Zahl von Abteilungen, die in einzelnen Häusern ein gemeinsames Leben führen, in Gruppen und Untergruppen der gleichen Klasse oder des gleichen Jahrgangs je nach Begabung, Fortschritt und wissenschaftlichen Neigungen erleichterte **die Bildung** von Arbeitsgemeinschaften in hohem Grade. Jede Klasse einer öffentlichen Schule hat eigene Vertreter, die von ihr selbst gewählt werden. Die Schule selbst hat ihre eigenen Führer, die wiederum aus der Wahl der ganzen Schule hervorgehen, Führer, die geeignet erscheinen, in allen Veranstaltungen die Geschäfte zu leiten. So wächst der Geist der Verantwortlichkeit für das eigene Tun und Lassen der Jüngeren und Unerfahrenen und beherrscht in jahrhundertelanger Überlieferung Schule und Schüler.

Ich weiß recht wohl, daß wir einige annähernd ähnliche Beispiele in alten Stiftungsschulen Deutschlands (z. B. Schulpforta, Fürstenschule in Meißen, Franckesche Stiftung in Halle) haben, daß die besseren Landerziehungsheime nach dem glänzenden Beispiele, das Dr. Lietz gegeben hat, in den gleichen Bahnen wandeln. Auch an einigen öffentlichen (staatlichen wie städtischen) höheren Lehranstalten des Regierungsbezirkes Cassel, der Rheinprovinz, der Provinz Hessen-Nassau (Frankfurt a. M.) wird die Erziehung zur Selbstverantwortlichkeit durch Selbstregierung immer bewußter angestrebt. Aber im Vergleich zu der gewaltigen Menge öffentlicher Schulen, die gerade Deutschland aufweist und die nichts

weiter als Buchschulen sind, als Schulen zur För-
· derung des Wissens und der Erkenntnis, bilden
sie eine verschwindende Zahl. Mit vielen deutschen höheren Schulen ist auch Hausbetrieb verbunden, aber fast alle diese Schulen, von den
erwähnten Ausnahmen abgesehen, beherrscht der
Geist heteronomer und nicht autonomer Zucht.
Ich wünsche nicht, daß wir in irgendeinen
Weise in der strengen geistigen Zucht nachlassen
sollen, die gerade unsere deutschen höheren Schulen, soweit sie gut sind, vor den Schulen anderer
Staaten auszeichnet; aber es muß unser drin-
gender Wunsch sein, diesen Geist der Gründlichkeit mit dem Geiste der Selbstregierung, d. h.
mit dem Geiste der persönlichen Verantwortlichkeit für unser Tun und Lassen und der aus ihr
entspringenden moralischen Tapferkeit zu verbinden.

In Bayern hat der ministeriell angeordnete Versuch vom Jahre 1919 in dieser Richtung vollständig fehlgeschlagen. Er mußte zu diesem
Fehlschlag führen. Denn Selbstregierung der
Schüler läßt sich niemals b e h ö r d l i c h anord-
nen. Soll eine solche Anordnung Erfolg haben, so
müssen vor allem zunächst gewisse Voraussetzungen erfüllt sein.

Die erste Voraussetzung ist eine gewisse F r e i -
heit in der örtlichen Gestaltung des Schulwesens überhaupt, groß genug, um d e n G e i s t
d e r S e l b s t v e r a n t w o r t l i c h k e i t i m L e i t e r
und im Lehrkörper der Schule so reg-
sam wie nur möglich zu halten. Wo alles
und jedes von der obersten Schulbehörde ange-
ordnet wird, wo kein einziger Leiter einer Schule
in Übereinstimmung mit seinem Lehrkörper es
unternehmen kann, besondere Wege zu gehen,
besondere Einrichtungen im innern und äußern
Schulbetrieb zu treffen, da ist kaum zu erwarten,
daß Leiter und Lehrerschaft jenes Verständnis
für eine Selbstregierung finden, die ihnen selbst
versagt ist und zu der sie auch nicht auf ihrem
eigenen Ausbildungswege erzogen sind. Wenn in
England und den Vereinigten Staaten Selbstregierung der Schüler nahezu eine Selbstver-
ständlichkeit ist, so hangt das sicher auf das
innigste mit der ganz unvergleichlich größeren
Autonomie aller Schulen zusammen. Denn Selbstverantwortlichkeit und ein gewisser Grad von
Freiheit sind Wechselbegriffe.

Die zweite Voraussetzung ist e i n v o n b r ü -
d e r l i c h e m G e i s t e e r f ü l l t e r L e h r k ö r p e r,
wo keiner nach dem Bildungspatent gewertet

wird, das er sich erworben hat, sondern nach seinem individuellen werthaften Sein, wo alle an der gleichen Schule im Erziehungsamt ehrlich Tätigen gleich geachtet sind, wo alle einander unterstützen und einander aushelfen, wo alle in gemeinsamen Beratungen zusammenarbeiten, kurz wo alle eine e c h t e W e r t g e m e i n s c h a f t, eine Brüdergemeinde bilden, getragen von der Idee ihrer Aufgabe.

Die d r i t t e Voraussetzung ist die H e r r s c h a f t e i n e s E r z i e h u n g s g e i s t e s, d e r a u f V e r · t r a u e n zur Jugend und nicht auf Mißtrauen eingestellt ist. Ein solches Vertrauen können wir allerdings nicht haben, wenn wir nicht von der sittlichen Selbstgesetzlichkeit des Bewußtseins überzeugt sind, einer Gesetzlichkeit, die jeden zu jeder Zeit mahnt, dem einmal erlebten und erkannten unbedingt g e l t e n d e n Werte unser Ich zu unterwerfen. Die Geltung des sittlichen Wertes können wir nur im f r e i e n Handeln erleben, und wir erleben sie um so stärker, je mehr das ausgesprochene V e r t r a u e n unser Selbstverantwortlichkeitsgefühl erregt. So stehen Vertrauen und Selbstregierung in direkter Wechselwirkung.

Die vierte Voraussetzung ist eine g e n ü g e n d e B e k a n n t s c h a f t   d e r   M i t g l i e d e r   eines

Selbstregierungsverbandes untereinander. Alle Selbstregierungsverbände, die aus d e r I d e e d e r E r z i e h u n g heraus geschaffen und getragen werden, müssen etwas vom Charakter des Groß- familienverbandes primitiver Stämme haben. Da- her sind Internate vor allem zur Durchführung der Selbstregierung geeignet. Ist die Anzahl der Zöglinge sehr groß in ihnen, so müssen sie sich in kleinere sich selbst regierende Gruppen teilen, die aber dann doch wieder in einer Zentralregie- rung zusammengefaßt werden. So ist die Great Public School von Eton bei London mit ihren rund 1000 Schülern zunächst in 27 sich selbst regierende Gruppen geteilt, die aber dann in die Zentralregierung der „Hundertschaft" ihre Mit- glieder abordnen. So ist das große Waisenhaus von Philadelphia mit rund 1200 Zöglingen, das Girard College, in etwa 10 Regierungsverbände gegliedert. So hat der leider zu früh verstorbene Pastor L o u i s P l a s s in seinem großen Fürsorge- heim für V e r w a h r l o s t e in Zehlendorf-Berlin die Selbstverwaltung auf dem Boden eines v i e l - g e s t a l t i g e n V e r e i n s l e b e n s organisiert. So sind in dem größten Musterbeispiel der Welt, der G e o r g e J u n i o r R e p u b l i k zu Freeville im Staate Neuyork, einer Besserungsanstalt für sitt

lich Gefährdete, die untern Selbstverwaltungs-
körper durchweg Arbeitsgemeinschaften
im Dienste der Republik. Die Verfassung dieser
Erziehungsrepublik, und ihre Geschichte vor
allem, könnte in mehr als einer Hinsicht für den
Sinn aller Demokratie lehrreich sein. (Ich emp-
fehle zur Kenntnisnahme, Henriette Herzfel-
der, Ein amerikanischer Erziehungsstaat, 1912,
Leipzig.)

Nun fehlt in den stark besuchten Tagesschulen
namentlich der großen Städte diese gegenseitige
Beziehung, Fühlung und Personenkenntnis der
Schüler untereinander. Daß aber auch hier und
selbst bei sehr großen Tagesschulen Selbstregierung mit gutem Erfolge angebahnt und durchgeführt werden kann, das zeigte mir vor allem
die öffentliche Volksschule 110 an der Kreuzung
der Cannon- und Broomestreet zu Neuyork (vgl.
S. 141 bis 144) Die Selbstregierungsbefugnis muß
eben dann auf den kleineren Kreis der obersten
Klassen beschränkt bleiben, deren Schüler
durch geeignete Einrichtungen recht wohl sich
gegenseitig kennen lernen können. Ob sie dann
gleichsam „oligarchisch" auf die ganze Schule
ausgedehnt, demokratisch auf die oberen Klassen beschränkt wird, hängt von den Verhältnissen

ab. Diese gegenseitige Beziehung und Fühlung
der Schüler fehlt leider auch in den Fortbildungsschulen der großen Städte, in denen die Entwicklung des Gemeinschaftsgeistes weiterhin noch
darunter leidet, daß auch die kurze wöchentliche
Unterrichtszeit die aus allen Stadtteilen zusam-
menströmenden Schüler nicht einander näher
bringen kann. Und doch wäre gerade hier die
Selbstregierung ein unentbehrlicher Erziehungs-
faktor. Hier könnten indes die Pflege freiwilliger
Schülerverbände (vgl. S. 132 bis 133) ausgezeichneten Nutzen stiften. Das aber setzt voraus, daß
mit den Fortbildungsschulen, sei es in deren Ge-
bäuden selbst, sei es in besondere „social centres"
(nach dem Vorbilde von Chicago), Einrichtungen verbunden sind, die eben eine weitgehende
Betätigung solcher Verbände ohne allzugroße
Opfer an Geld und Zeit ermöglichen.

Eine letzte innere Voraussetzung aber ist ein
echter sittlich-demokratischer G e i s t   d e r   B e -
v ö l k e r u n g selbst, wenigstens überall da, wo es
sich um Selbstregierung in Tagesschulen handelt
und j e d e n Tag j e d e r Schüler aus der Schulgemeinschaft in die Familiengemeinschaft über-
tritt. Die Erziehung in Schule und Elternhaus
muß in dieser Hinsicht gleichgestimmt sein.

Wenn die heranreifenden Knaben und Mädchen täglich im elterlichen Hause eine staatspolitische Gesinnung erleben, die nichts von sittlicher Freiheit andersgearteter Menschen und Anschauungen weiß, die nur die Herrschaft einer Kaste oder Klasse kennt, die etwa gar jede selbständige Meinung der reiferen Kinder niederschlägt statt sie in gegenseitiger Aussprache zu verbessern, die nur Klassenhaß und Klassenkampf predigt, kurzum, wenn im elterlichen Hause die staatsbürgerliche brüderliche Gesinnung und die Achtung vor ehrlichen andersgearteten Überzeugungen fehlt, dann ist es schwer, in solchen Tagesschulen den sittlichen Erziehungsgeist der Selbstregierung zu entzünden. Wir Deutsche müssen uns ernstlich fragen, ob nicht eine der Ursachen der geringen Entwicklung des Selbstregierungsgedankens in unseren Schulen auf dem Mangel der sittlich demokratischen Idee in unserem Volke beruht — genau wie in Frankreich. Diese sittlich-demokratische Idee hat gar nichts zu tun mit Republik oder Monarchie. Denn England ist Monarchie und seine Schulen sind ganz vom Geiste der Selbstregierung erfüllt — und Frankreich ist Republik und seine Collèges und Lycées sind autokratischer noch als unsere deutschen.

Sind nun diese Bedingungen erfüllt, dann bleiben noch immer eine Anzahl von Maßregeln zu
treffen, ohne welche eine gedeihliche Entwicklung der Selbstregierung wenig Wahrscheinlich-
keit hat. Vor allem kann Selbstregierung nur
schrittweise angebahnt und darf immer nur nach
Maßgabe des erwachenden sittlichen Gemeinschaftsgeistes erweitert werden. Sie kann weiter
nie in allen Angelegenheiten der Schule vom ver-
antwortlichen Leiter der Schule unabhängig sein,
sondern muß irgendwie dem Einspruchsrecht des
Leiters oder des Lehrerkollegiums unterworfen
sein. Ihre Arbeitsgebiete sind vor allem Fragen
der geistigen und sittlichen Zucht der Schüler-
gemeinschaft, der gegenwärtigen Hilfe und Förderung in schulischen wie außerschulischen Dingen, der Verwaltung der Lehr- und Unterrichts-
mittel, der Beihilfe und des Zusammenarbeitens
der Unterverbände der Schüler, die mit der Schule
als solcher zu tun haben, der Gestaltung der
Schulfeste und Schulfeiern, der Vertretung der
sittlichen und gesundheitlichen Interessen der
Schüler vor dem Lehrerkollegium usw.

In ihrer Durchführung fordert die Selbstregierung regelmäßige Pflichtversammlungen aller
Schüler oder der Beauftragten zur Besprechung
der wichtigsten Angelegenheiten. Wo allgemeine

Versammlungen möglich sind, haben alle Lehrer als Zuhörer teilzunehmen. Sie fordert weiter einen Lehrbetrieb, der aus der Idee der Arbeitsgemeinschaft gestaltet ist in allen Fächern, die dazu tauglich sind, wobei die reiferen Schüler sich mehr und mehr verantwortlich fühlen für die Ergebnisse der Klassenarbeit.

Die Verfassung für die Selbstregierung darf nie aufgedrängt werden, sondern muß in vorsichtig geleiteter Entwicklung, vielleicht von einer einzigen besonders tauglichen Klasse ausgehend, sich ausbreiten und ausreifen unter langsamer Erweiterung der Rechte wie Pflichten. Ist sie aber einmal erlassen, dann muß sie Lehrern wie Schülern heilig sein, bis sie in freier Bestimmung der Gemeinschaft geändert wird. In schwierigen Zeiten jedoch (die bei dem fortwährenden Wechsel der Schüler einer Anstalt sich sehr wohl einstellen können) muß es dem Leiter der Anstalt gestattet sein, die Verfassung zeitweise aufzuheben.

Unter solchen Voraussetzungen und solchen Vorsichtsmaßregeln wird es unseren höheren Tagesschulen mit ihren reiferen Schülergruppen vor allem in den kleineren Gemeinden, ja selbst in den großen Städten, möglich sein, mit gutem Erfolg zur Selbstregierung überzugehen. Das

zeigte mir deutlich ein Besuch der „Akademie" in
Edinburg, einer höheren Schule gleich unseren
deutschen Gymnasien und Realgymnasien. Einer
meiner englischen Freunde, Mr. Pressland, Pro-
fessor dieser Schule, hat auf meine Bitten hin eines
Tages unerwartet den Schülern der oberen Klassen die Aufgabe gegeben, ihre Gedanken über
die an ihrer Schule eingeführte Selbstregierung
niederzuschreiben. Er hat mir sodann die sämt-
lichen Arbeiten gesendet, und ich habe sie mit
steigender Bewunderung gelesen. Es tut mir auf-
richtig leid, nicht eine größere Anzahl der Arbeiten hier abdrucken zu können. Aber ich möchte
es mir nicht versagen, einen der Schüler zum
Worte kommen zu lassen in der Überzeugung,
daß auf jeden Leser der Eindruck der gleiche
sein wird wie derjenige, den ich empfangen habe.

Nach einer Einleitung über den Zweck der Erziehung überhaupt schreibt der Schüler ersicht-
lich aus eigener Erfahrung: „Für eine Idealschule
ist es ein wesentliches Erfordernis, daß sie eine
Einrichtung haben muß, die wir allgemein als
Präfekten bezeichnen mögen. Es ist klar, daß es
in jeder großen Schule mancherlei Dinge gibt,
die beständig auftauchen und welche die Schüler weit wirksamer behandeln können als die Leh-

rer. Diese Präfekten stehen in viel engerer Berührung mit der Schule, haben sozusagen die Fin-
ger an ihrem Puls und können in der Regel unmittelbar die Quellen eines Übels feststellen.
Noch immer lebt, es tut mir leid, es sagen zu
müssen, ein gewisser Verdacht in den Schülern,
der den durchschnittlichen Knaben veranlaßt, seinen Lehrer mit Argwohn zu behandeln, als eine
Art Inquisitor, der immer danach ausschaut, ob
er nicht mit irgendeiner neuen Quälerei irgendein
Unrecht strafen könne. Es ist aber klar, daß es
Vergehen gibt, wie unverschämte Drohungen, un-
sittliche Redensarten, unredliche Handlungswei-
sen, welche Obmänner, nenne sie Präfekte, Ephoren oder wie du willst, weit eher festlegen und
ausrotten können als der wachsamste Lehrer.

Aber abgesehen von dem, was wir eben erör-
tert haben, es eröffnet sich auch noch eine andere Seite der Frage, die, wenn man alle Dinge
ins Auge faßt, rein negativ (?) ist. Die Präfekten
haben selbst einen ganz unschätzbaren Nutzen
aus ihrem Amte. Der beste Teil der Erziehung
wird, wie man gesagt hat, dem zuteil, der in eine
Vertrauensstellung gelangt und dessen Pflicht es
ist, für andere Leute in uneigennütziger Weise zu
sorgen. Die Stellung eines Präfekten ist verbun-

den mit Verantwortlichkeit, und Verantwortlichkeit ist vielleicht mehr als alles andere die Quelle alles Guten, das in einem Knaben steckt. Sie formt seinen Charakter und macht ihn geeigneter für sein zukünftiges Leben, mehr noch als die gründlichste Kenntnis der Klassiker."

Nach einigen weiteren Ausführungen über diesen Punkt fährt er fort: „In der Akademie zu Edinburg existiert ein System von Präfekten, einzig in seiner Art, welches, wenn man es genau betrachtet, dem Ideale so nahe als möglich kommt. Sie sind von den mittleren und oberen Schulklassen aus einer Liste von Schülern gewählt, die der Rektor bezeichnet. Das Haupt der Seniorephoren, der Kapitän der ganzen Schule, hat das Recht, jeden aus der Liste zu streichen, den er nicht billigen kann. Die wesentlichen Eigenschaften für die Anwärter des Ephorates sind Charakter und Tüchtigkeit im Kricket oder Fußball, mit der Einschränkung, daß keiner, der nicht ein guter Schüler auch in der eigentlichen Schularbeit ist, wie hervorragend er auch sonst beim Spiele sein mag, erwarten darf, unter die Bewerber für ein Ephorat aufgenommen zu werden. Auf diese Weise ist die Wahl der Tüchtigsten nahezu sichergestellt. Die Auswahl der An-

wärter durch den Rektor gibt eine gewisse
Sicherheit, daß diejenigen, die er gewählt hat,
mit ihm zusammenarbeiten werden. Der Einspruch, welcher dem Haupt der Senioren gewährt
ist, schließt dagegen die Möglichkeit aus, daß
irgendeiner von schlechtem moralischen Einfluß
sich in die Reihe der Ephoren hineinschmeicheln
kann. Die Wahl durch die Schüler ist im allgemeinen einsichtsvoll, macht jedenfalls die Gewählten des allgemeinen Vertrauens sicher und
gibt eine Gewähr dafür, daß den gewählten Kan-
didaten auch Gehorsam geleistet wird.

Die Ephoren überwachen die Moral des
Schullebens. Sie sehen nach allen Fällen von
Unehrlichkeit beim Spielen, von Unverschämt-
heit und von Verderbtheit im übrigen Leben. Sie
üben eine Überwachung aus über das Benehmen
der Schüler und verhindern Ausschreitungen oder
gar Ausschweifungen. Aber ihr wichtigstes Amt
ist, daß sie vorsichtig über den guten Namen der
Schule wachen. Was immer sich diesem guten
Namen als schädlich erweisen möchte, beseitigen
sie mit fester Hand. Sie haben die Macht, in gemeinsamer Beratung über ein beschränktes Aus-
maß von körperlicher Züchtigung zu beschlie-
ßen, während jeder einzelne für sich die Gewalt

hat, kleine, nichtkörperliche Strafen zu verhängen. In jedem Falle einer körperlichen Züchtigung hat der zu Bestrafende das Recht, den Rektor der Schule anzurufen."

Recht interessant, offenherzig und lehrreich ist die Schilderung einer zweiten Gattung von Ephoren, die ich nur kurz geben will. Außer den Seniorephoren gibt es in jeder Klasse noch Juniorephoren, zwei bis drei an der Zahl. Sie sind unmittelbar durch ihre Klassenkameraden gewählt und sind vor allem zur Aufrechterhaltung der Ordnung in der Klasse selbst berufen. „Dieses System ist aber ebenso faul", wie er sich ausdrückt, „als das System der Seniorephoren gesund ist. Denn erstens, da jeder beliebige in der Klasse gewählt werden kann und da im Geiste des durchschnittlichen Jungen der ‚ausgelassene Racker' ein Held ist, so werden gerade Jungen von dieser Art zu Juniorephoren gewählt. Zweitens aber, sie haben selbst wenig oder gar kein Gefühl für Autorität, ihre eigene Autorität wird von ihren eigenen Klassenkameraden mißachtet. Sie dienen in stürmischen Zeiten als Sündenböcke der ganzen Klasse, in Friedenszeiten aber üben sie die höchst wichtige Pflicht aus, Papier auszuteilen, Fenster und Türen zu schließen oder zu öffnen, vergessene Bibeln aus der Halle zu holen und ähnliche Dinge." An Stelle dieses Systems empfiehlt der Verfasser ein anderes, in welchem auf den Vorschlag der Seniorephoren der Rektor einen Klassenobmann aufstellt, für jede Klasse einen, der ausgezeichnet ist durch Charakter und durch die Fähigkeit, andere zu regieren.

Was der Schüler in dieser einfachen, sachlichen, offenherzigen und schlichten Weise niedergeschrieben, spiegelt ganz den Geist der Schule, den ich zwei Jahre vorher beobachtet hatte und von dem ich wünsche, daß er vor allem solche ausgewählte und entsprechend organisierte höhere deutsche Schulen beherrschen möge, die berufen sind, die geistigen und politischen Führer unserer Nation zu stellen. Ich hätte ebensogut meine eigenen Eindrücke und Wahrnehmungen wiedergeben können. Ich glaube, daß in diesem Falle die Schilderung eines Schülers, die ich leicht um verschiedene Beispiele hätte vermehren können, wirksamer ist. Ich füge nur hinzu, daß in allen Great Public Schools und in einer großen Zahl der besseren Privatschulen ähnliche Einrichtungen für die Erziehung des Staatsbürgers Sorge tragen.

Diese Einrichtungen zur Pflege der staatsbürgerlichen Haupttugenden werden nun in allen
diesen Schulen in wirksamer Weise ergänzt durch
die Debating Clubs, welche neben der sittlich-
formalen Wirkung, die sie haben (vgl. den
Schluß des vorausgegangenen Kap.), auch eine
wirksame Form der staatsbürgerlichen Belehrung bilden, einer Belehrung, die nicht von au-
ßen her den Schülern aufgedrängt wird, sondern
in die sie sich durch eigene Berichte und selbständige Besprechungen hineinarbeiten. Wir kennen sie an unseren höheren Schulen in Deutschland überhaupt nicht. An den Universitäten
Deutschlands beginnen in den letzten zehn bis
fünfzehn Jahren die freien Studentenschaften, der
Verein deutscher Studenten, der akademische
Freibund, akademische Arbeitsgemeinschaften
für politische Bildung, pädagogische und sozial-
wissenschaftliche Vereinigungen und manche
andere Studentenverbände ab und zu allgemeine
staatsbürgerliche Fragen im Anschluß an einen
Vortrag eines außerhalb der Studentenkreise
stehenden Redners zu erörtern. Aber man kann
nicht von einer allgemeinen Teilnahme der Studenten an solchen regelmäßigen Besprechungs-
abenden im eigenen Kreise reden, wie dies bei

den großen Debating Clubs der Universitäten
Oxford und Cambridge der Fall ist, deren Vor-
sitzender zu werden eine der größten Auszeich-
nungen für alle Mitglieder der gesamten Stu-
dentenschaft dieser Universitäten ist. Wir sind
in Deutschland noch viel zu ängstlich in bezug
auf solche Veranstaltungen der Schüler der oberen Klassen der Gymnasien, und unser System
der Bevormundung der Schüler läßt noch dazu
gewisse Befürchtungen vor Mißgriffen in der
Rede- und Arbeitsfreiheit der Studierenden nicht
von der Hand weisen. Nur in Schulsystemen,
wo wie in der Akademie zu Edinburg die Schüler von früh auf angeleitet werden, aus eigenem Antrieb und unter eigener Mitarbeit über
die Ehre und das Ansehen der Schule zu wachen, sei es des Gymnasiums, sei es der Hoch-
schule, kann sich jene gesunde Reife entwickeln,
die auch dann noch, wenn keine fremde Autorität im Hintergrunde wacht, die Grenzen der eigenen Freiheit zu erkennen und zu wahren weiß. In
den Vereinigten Staaten habe ich keine Schule
gefunden ohne solche Debating Clubs. In Neuyork fand ich sie sogar an manchen Volksschulen und in großer Zahl in den Social Centres.
Diese Social Centres sind Einrichtungen, die erst

auf den Anfang dieses Jahrhunderts zurück-
gehen. Sie sammeln die Jugend vom 10. bis zum
18. Lebensjahr, Knaben wie Mädchen, die keine
höheren Schulen besuchen, in einer großen Zahl
freiwillig gebildeter Klubs, sind in den Volks-
schulgebäuden eingerichtet und werden durch die
Mittel der Stadt unterhalten. Neuyork zählt ge-
genwärtig gegen 50 Social Centres. Manche von
ihnen haben bis zu 20 Klubs, unter denen mindestens ein „Debating Club" ist.

In unseren deutschen höheren Schulen ist die
staatsbürgerliche Belehrung ausschließlich dem
Geschichtsunterrichte zugewiesen; wo Wirtschaftsgeographie getrieben wird, unternimmt
auch sie einen Teil der Unterweisung. Ich kann
mir sehr wohl einen Unterricht in Geschichte und
Wirtschaftsgeographie denken, der einen besonderen staatsbürgerlichen Unterricht überflüssig
macht. Vor allem kann ein besonderer Unterricht an den humanistischen Gymnasien ent-
behrt werden, wo außerdem die reiche griechische und römische Literatur selbst eine Reihe
von staatsbürgerlichen Fragen heranbringt. Es
gibt Geschichtslehrer an unseren Gymnasien, ich
habe selbst einige dieser Art kennen gelernt, deren von tiefer Einsicht getragene Wärme fast

jede Geschichtsstunde zu einer Pflichtenlehre im
Dienste des Vaterlandes und seiner Aufgaben
macht. Größer ist freilich die Zahl derjenigen, die
nicht viel besser sind als die Mehrzahl der be-
hördlich genehmigten Geschichtsbücher unserer
höheren Schulen. Was unseren Geschichtsunterricht in Deutschland vielfach unfruchtbar, biswei-
len sogar schädlich für die staatsbürgerliche Erziehung macht, ist nicht bloß seine Überfülle an
Stoff, sondern ebenso auch der kleinliche Zug,
den wir nicht selten da beobachten können, wo
die sogenannten anerkannten Autoritäten in un-
würdigen Personen sich verkörpern, wo in miß-
verstandenem Interesse der Förderung des Auto-
ritätsgefühles Verhältnisse wie Personen in
vorsichtig gehaltenen Deckfarben übermalt und
umgekehrt hervorragende Menschen, die mit den
Autoritäten in Streit gerieten, Umwälzungen
herbeiführten oder im Streben nach neuen Lebensformen der menschlichen Gemeinschaften zugrunde gingen, grau in grau dargestellt werden.
Ich kenne zwar einige in dieser Hinsicht ein-
wandfreie, an unseren deutschen höheren Schulen eingeführte Geschichtswerke. Aber in den
meisten Schulbüchern ist nur die griechische und
römische Geschichte wirklich objektiv gehalten.

Doch hat die allerjüngste Zeit uns ein Geschichts-
werk mindestens für die Hand des Lehrers,
vielleicht aber auch für die Schüler der Oberklassen unserer neunklassigen Lehranstalten be-
schieden, das in bemerkenswerter Objektivität die
geschichtlichen Ereignisse des 19. Jahrhunderts
darstellt, und zwar in einer Form, die den historischen Unterricht tatsächlich zu einer ergiebigen
Quelle staatsbürgerlicher Belehrung in dem hier
gemeinten Sinn macht. Ich meine das Buch von
F r i t z W u e s s i n g, Geschichte des Deutschen
Volkes vom Ausgang des 18. Jahrhunderts bis zur
Gegenwart, Berlin und Leipzig, 1921, Verlag
Franz Schneider. Kein Ereignis wird hier um
seiner selbst willen oder um irgendeiner Idee willen betrachtet und hervorgehoben. Die Absicht
ist „die soziale und politische Ideen e n t w i c k -
l u n g aufzudecken . . ., Sinn und Bedeutung der
Tatsachen klar zu machen, die ihnen zur Erhel-
lung des Wesens einer wirtschaftlichen, sozialen
oder rein geistigen Epoche, ja des geschichtlichen
Lebens überhaupt zukommt" Ich muß gestehen,
daß ihm diese Absicht in seltener Weise gelun-
gen ist, und daß er in mir die gleiche Ehrfurcht
vor dem geschichtlichen „Leben" zu erwecken
verstand, die ihn bei seiner Absicht leitete.

Ohne eine solche sachliche Einstellung in den
Schulbüchern für Geschichte bleiben dem Schüler die besten ursächlichen Zusammenhänge im
Gange der Ereignisse verborgen, manche wichtigen geschichtlichen Tatsachen gewinnen den Anschein von Willkürlichkeiten oder Zufälligkeiten,
und die Entwicklung des historischen Sinnes wird
verhindert oder doch sehr erschwert. Ob die Republik mit größerer Sachlichkeit den geschichtlichen Ereignissen gegenüberstehen wird als die
vergangene Monarchie, wird davon abhängen, ob
in ihr der Wille zur Wahrheit eine stärkere Kraft
gewinnt als der Wille zum irdischen Glück.

Ich sage nicht, um Mißverständnissen vorzu-
beugen, daß man schon den Knaben zur Kritik
an den geschichtlich gewordenen Einrichtungen
und den sie tragenden Autoritäten veranlassen
soll. Im Gegenteil, das würde ich als einen großen
Fehler betrachten. Aber der Geschichtsunterricht
muß die Schüler der Oberklassen derartig anregen, daß sie selbständig mit Hilfe entsprechender Schülerbibliotheken zu Sybel, Ranke,
Treitschke, Giesebrecht, Gervinus und dem heute
noch unbekannten aber vielversprechenden Wues-
sing greifen und ihr eigenes Urteil über einzelne Personen oder Ereignisse bilden, oder daß

sie ein i n n e r e s Verlangen bekommen nach den
Quellen, welche dem heutigen enzyklopädischen
Geschichtsunterricht Form, Licht und Farbe geben und von selbst zum eigenen Urteil anregen.
Vielleicht, daß die neue Bewegung, das Lesen
von Quellenschriften mit dem Geschichtsunterricht zu verbinden, diesem Gedanken die Wege
ebnet. Die ausgezeichnete Quellensammlung unter der Leitung von Gustav L a m b e c k , die bei
Teubner in sehr billigen Einzelheften erschienen ist und von denen ich einzelne Hefte mit
großem Nutzen auch für meine eigenen historischen Kenntnisse gelesen habe, wie das Heft-
chen über die Stein-Hardenbergschen Reformen,
über die Gracchische Bewegung, über die Entwicklung des Papsttums bis zu Gregor VII., wird
gewiß die Verwirklichung der Forderung lebhaft
unterstützen, sobald unsere höheren Schulen sich
endlich dazu entschließen, ihren Lehrstoff so weit
einzuschränken, daß der Schüler z u d e r L u s t
n a c h Q u e l l e n , die ein guter historischer Unterricht in ihm erweckt hat, a u c h d i e a u s r e i -
c h e n d e Z e i t f i n d e t , sich eingehender mit
ihnen zu befassen.

Damit er aber so die Aufgabe des staatsbürgerlichen Unterrichtes übernehmen kann, ist

mehr als alles andere eine erhebliche Beschnei-
dung des Unterrichtsstoffes notwendig. Es ist
nicht möglich, daß der Schüler zu einem selbständigen Urteil kommt, wenn er wie bisher alle Zeiten und alle Völker gleichmäßig durchzuarbeiten
hat. Natürlich ist ein kurzer Überblick über die
Weltgeschichte nicht zu entbehren. Aber wenn
dieser in den 5 oder 6 Unterklassen gegeben ist,
dann sollen die 3 oberen Klassen mit der ausführlichen Behandlung einzelner wichtiger oder
lehrreicher Zeitabschnitte sich eingehend be-
schäftigen, nicht aber in einem zweiten Rund-
gang von vorne beginnend, abermals unter Erweiterung der Stoffmassen die ganze Weltgeschichte
durchlaufen. Nur so ist es möglich, dem Geschichtsunterricht jene Vertiefung zu geben, die
zu einem selbständigen Urteil und zu einem le-
bendigen Interesse an dem Werden der Gesell-
schaftsordnung führen kann und damit den Willen zu beeinflussen imstande ist. Nur so ist es
möglich, mit den Schülern der Oberklassen an
der Hand einer wohlgeleiteten Privatlektüre ein
lebendiges Bild irgendeiner großen Zeit gemeinsam zu e r a r b e i t e n, unter freier Rede und Gegenrede, frei in der Form wie im Inhalt der von
den einzelnen Schülern gewonnenen und von ihnen

der Gesamtheit vorgetragenen Anschauungen. Lebendig und fruchtbringend wird der Geschichtsunterricht erst dann für unsere Zwecke, wenn er aufhört, ein Frage- und Antwortspiel über den Inhalt der amtlich vorgeschriebenen Leitfäden zu sein, wenn er unseren reiferen Primanern das Recht und die Möglichkeit gibt, an Hand der besten Geschichtswerke der Schülerbüchereien über die Erscheinungen einer reichbewegten Zeit oder über die Entwicklung moderner Staatseinrichtungen selbständig nachzudenken. Das ist der wesentliche Gedanke des Prinzips der Arbeitsschule im Geschichtsunterricht. Gestalten wir unseren Geschichtsunterricht in den oberen Klassen in der Weise, so können wir beruhigt den besondern staatsbürgerlichen Unterricht, auf den heute schon allzu früh geborene Leitfäden lauern, zu den Akten schreiben, um so mehr, wenn freiwillige „Debating Clubs" der Schüler das aus eigenem Triebe fortsetzen, was die Schule aus Mangel an Zeit nicht weiterführen kann.

VII. PRAKTISCHE BEISPIELE FÜR DIE STAATSBÜRGERLICHE ERZIEHUNG AN ELEMENTARSCHULEN.

Anders liegen die Verhältnisse an den Elementarschulen. Was zunächst die Fortbildungsschulen betrifft, also jene Schulen, welche zur Erziehung der großen Massen für die Zeit vom 14. bis zum 18. Lebensjahre eingerichtet sind, so wird hier ein besonderer staatsbürgerlicher Unterricht nicht zu umgehen sein. Denn in den vorausgehenden Werktagsvolksschulen kann von einer staatsbürgerlichen Vertiefung des Geschichtsunterrichts, wie sie an den höheren Schulen mit ihren reiferen und oft geistig hochstehenden Schülern möglich ist, überhaupt nicht die Rede sein. In der Fortbildungsschule aber ist schon aus Mangel an Unterrichtszeit ein eigentlicher historischer Unterricht ausgeschlossen.

Aber auch hier wird er am fruchtbarsten sich gestalten lassen, wenn er die Bahnen der Geschichte geht, und zwar im engsten Anschluß an die historische Entwicklung der sozialen und

wirtschaftlichen Verhältnisse jener Berufsgrup-
pen, welchen die Schüler angehören. Die Geschichte jedes G e w e r b e s und seiner Techniken,
seiner Arbeits- und sonstigen Verhältnisse ist so
eng mit der Wirtschafts- und Kulturgeschichte im
allgemeinen und durch sie mit der Entwicklung
der Staatsgebilde verbunden, daß es keinem Lehrer auf diesem Wege schwerfallen kann, den Blick
seiner Schüler immer unter Anknüpfung an die
greifbaren Verhältnisse seines Berufes auf das
Allgemeine zu lenken, das Werden und Vergehen
der verschiedenen Gemeinde- und Staatseinrichtungen begreiflich zu machen, ihre Bedeutung
und ihren Sinn aus ihrer Entwicklung heraus verstehen zu lernen, die enge Verflochtenheit der Interessen von Stadt und Land, von Gewerbe und
Landwirtschaft, von Industrie und Handel an
greifbaren Beispielen aufzudecken und an histo-
risch gewordenen Menschen seines Berufes oder
verwandter Berufsarten vornehme staatsbürgerliche Gesinnung und Opferwilligkeit nachzu-
weisen.

In den größeren Städten des südlichen Deutschlands haben eine große Zahl von Gewerben eine
lehrreiche ortsgeschichtliche Entwicklung auf-
zuweisen, die mit großem Nutzen für unsere

Zwecke ausgebeutet werden könnte und in vielen
Abteilungen der Münchner Fortbildungsschulen
dank dem Eifer ihrer Leiter auch ausgebeutet
worden ist.

In l ä n d l i c h e n Fortbildungsschulen wird eine
Geschichte des Bauernstandes, in k a u f m ä n n i -
s c h e n die Geschichte von Handel und Verkehr
sowohl im allgemeinen wie insbesondere für den
Schulort eine Grundlage geben können, die alle
Schüler fesselt und sittlich anregt, und den in-
telligenten Teil der Jugend in das Verständnis
des modernen Staatslebens und seiner Verhältnisse einführt. In solchen Fortbildungsschulen
übrigens führt jede Methode zum Ziele, die ihren
Stoff geschickt mit den natürlichen, d. h. hier
beruflichen Interessen des Schülers zu verbinden
weiß, wenigstens bei den tüchtigeren und begab-
teren Schülern. Bei den übrigen, das ist bei der
Mehrzahl der jungen Leute namentlich unserer
Fortbildungsschulen, die dem immerhin etwas
abstrakten und der Jugend keineswegs naheliegenden Gedankengang der Staatslehre und
Fremdwertmoral weniger Reife, Verständnis und
Teilnahme entgegenbringen, wird die frühzeitige
Gewöhnung an soziale Tugenden, wie sie die richtig organisierte Schule mit sich bringt, ihre Er-

ziehungskräfte ausüben müssen. Hier vermag in
Verbindung mit dieser frühzeitigen Gewöhnung
ein Unterricht in bürgerlicher Moral vielleicht
recht fruchtbringend zu wirken, wie ich ihn bei-
spielsweise in dem ausgezeichneten Anhange zu
der „Handelsbetriebslehre von P o h l m e y e r -
G r o ß m a n n" (Leipzig 1913, Verlag G. A. Gloeck-
ner) unter dem Titel „Geschäftsmoral" gefunden
habe. In fünf größeren Abschnitten wird hier in
leicht verständlichen, an die Einrichtungen des
Staats- und Wirtschaftslebens angeschlossenen
Betrachtungen eine Art staatsbürgerliche Belehrung gegeben, wie ich sie immer gewünscht habe.
Schon die Titel der einzelnen Abschnitte zeigen
deutlich den Geist dieses Unterrichtes: 1. War-
um muß die Geschäftsmoral gepflegt werden?
2. Über Wirtschaft und Moral. 3. Geschicht-
licher Rückblick; Großhandel und Kleinhandel;
Geschäftslügen. 4. Wie schützt die Gesetzgebung
die Geschäftsmoral? 5. Wie hat sich die Geschäftsmoral über die gesetzlichen Forderungen
hinaus zu betätigen? Dieser fünfte und ausführ-
lichste Abschnitt zerfällt dann noch in die Unter-
abteilungen: a) Geschäftsmoral im allgemeinen;
b) Moralische Pflichten der Geschäftswelt gegen den Staat; c) Moralische Verpflichtungen der

Erzeuger; d) Moralische Pflichten der Käufer;
e) Moralische Pflichten der Angestellten. Aus
diesen Betrachtungen ergeben sich dann von
selbst auch die sittlichen Pflichten der Arbeit-
geber gegen ihre Angestellten, die allerdings mit
Recht im Schülerbuch nicht weiter ausgeführt
sind. Man erkennt leicht, wie in diesen Gedankengang ungezwungen alle sonstigen staatsbürgerlichen Belehrungen sich einfügen, die nichts
weiter als Feststellungen der Wirtschafts- und
Verwaltungsorganisation des Staates sind, die
sich hier aber dem sehr viel höheren Gesichtspunkte der Lehre von den staatsbürgerlichen
Pflichten unterordnen. Das Buch von Pohlmeyer-
Großmann hat übrigens ein brauchbares Gegenstück in dem Buche von L u g i n b ü h l (Staatsbürgerliche Erziehung, Basel 1911). Aber beide
Werke werden weit überragt von dem bereits erwähnten Buche Arthur William Dunn's, The Community and the Citizenship (Boston U. S. A.,
1909, Verlag Heath & Co.), das ein leuchtendes
Gegenbeispiel bildet zu den zahllosen abschrek-
kenden Werken über staatsbürgerliche Erziehung, die der deutsche Schulbetrieb der bloßen
Buchgelehrsamkeit in den letzten zwanzig Jahren erzeugt hat. Das Buch geht in der Hauptsache

den Weg der Fragen, die wir am Schlusse des
IV. Kap. (Seite 61) aufgestellt haben.

Wie man nun aber auch den Unterricht in
staatsbürgerlicher Belehrung einrichten mag, ein
Rest von Schülern wird immer bleiben, der aller Belehrung unzugänglich ist. Hier kann nur-
mehr Fürsorgeerziehung helfen, deren Hauptauf-
gabe sein wird, solche Elemente jenen trostlosen
Lebensverhältnissen zu entreißen, die aller Er-
ziehungsbemühungen spotten. Die Entwicklung
unserer wirtschaftlichen Verhältnisse, die Übervölkerung und die aus ihr entspringenden har-
ten Lebenskämpfe für Tausende unserer Mitbürger zwingt uns hier zu einer Tätigkeit, die eine
Menge von opferwilligen Arbeitskräften und
beträchtliche Geldmittel erfordert. Aber es
wäre eine wenig weitsichtige Erziehungspolitik,
wollten wir uns darauf beschränken, nur da mit
unseren Maßnahmen für staatsbürgerliche Erziehung einzugreifen, wo direkte Gefahr vorhanden
ist für die menschliche Gesellschaft. Wildbäche
müssen verbaut werden. Es ist sehr undankbar,
nur den Schutt wegzuräumen, mit dem sie immer
wieder das fruchtbare Land überdecken. Wir
müssen die Aufgabe der staatsbürgerlichen Erziehung an der Wurzel fassen. Wir fassen sie aber

nur an der Wurzel, wenn wir uns entschließen, unsere Schulen zu Arbeitsgemeinschaf- ten im kleinen zu machen, die durch einen geistigen Wert sich zusammengebunden wissen.

Zu einer solchen Umwandlung ist auch aus an- deren Erwägungen heraus nirgends mehr Mög- lichkeit und Veranlassung gegeben als bei unse- ren männlichen und weiblichen Fortbildungs- schulen aller Art. Diese Schulgruppe ist zugleich die einzige, durch welche wir auf die Massen er- ziehlich wirken können. Nichts könnte zugleich die Interessen des gesamten Gewerbestandes und die wirtschaftlichen Interessen des Staates über- haupt mehr fördern als solche praktische Arbeits- schulen, wo die Schüler zu gegenseitiger Hilfs- bereitschaft erzogen werden, wo sie bei Herstel- lung der gemeinsamen Arbeiten gewöhnt werden — und zwar alle ohne Ausnahme —, nicht nur mit Überlegung und Gewissenhaftigkeit in allen Arbeitsprozessen zu handeln, sondern auch ihren persönlichen Egoismus, ihren persön- lichen Ehrgeiz, ihre persönlichen Interessen unterzuordnen zuerst unter den Ehrgeiz und die Interessen der Schulgemeinschaft, aus de- ren Händen die Arbeit hervorgehen soll, dann aber unter die sittliche Idee selbst, welche in der Schulgemeinschaft gerade durch die Mitarbeit ihrer Mitglieder immer mehr zur Herrschaft kommen muß. Es ist mir immer schwer verständlich, wenn die Handwerkskreise, wie das im August 1909 auf dem 10. Deutschen Handwerkskammertag zu Königsberg i. Pr. und im September 1908 auf dem außerordentlichen Handwerkertag zu Linz geschehen ist, immer wieder von einzelnen, nichts weniger als staatsbürgerlich Gesinnten sich bereden lassen, das nicht zu tun, was ihnen einzig und allein frommt. Unter der Vorspiegelung, daß derartige Schulen die Meisterlehre ausschalten wollen, suchen die Gegner, denen die Förderung ihrer eigenen Interessen und Pläne weit mehr am Herzen liegt als die Förderung der Berufsinteressen, die weiten Kreise der Kleinhandwerker gegen derartige Schulorganisationen einzunehmen. Aber die Gestaltung der männlichen Fortbildungsschule zu einer Schule werktätiger Arbeit, wie wir das in München durchzuführen das Glück hatten, hat nicht das geringste mit der Ausschaltung der Meisterlehre zu tun. Es wäre sehr töricht, eine natürliche Arbeitsgemeinschaft auszuschalten, um eine künstliche an ihre Stelle zu setzen. Die Neugestaltung soll im Gegenteil die Meisterlehre erst recht wie-

der zu einem kraftvollen Erziehungsmittel im
Staatsleben machen, genau ebenso wie die Organisation der weiblichen Fortbildungsschule in der
Richtung einer hauswirtschaftlichen Arbeitsgemeinschaft nur dazu dienen kann, die reichen
und wirksamen Erziehungskräfte der Familie, die
wie nichts anderes als Grundlage für alle staatsbürgerliche Erziehung geeignet sind, wieder zu
heben.

Diese Neugestaltung wird überhaupt nur wirksam, wenn es ihr gelingt, die Fortbildungsschule,
die wie alle anderen Schulgruppen mehr oder
weniger abseits vom Leben des Schülers einher-
läuft, in engste Verbindung zu bringen mit der
Meisterschaft oder gar mit einer Arbeitsgemeinschaft dieser Meisterschaft, einer Innung, einer
Genossenschaft, einem Verbande, wie wir das in
München vielfach mit Erfolg angestrebt haben.
Die rechte Arbeitsgemeinschaft der Schule sucht
tausend Beziehungen mit der Arbeit im Hause, in
der Meisterwerkstätte, im Bauernhof usw. herzu-
stellen, greift die Beschäftigung des Knaben und
Mädchens außerhalb der Schule auf, sucht sie zu
veredeln, zu vergeistigen und zu versittlichen. Die
Organisationen, die wir in München geschaffen
haben, zeichnen sich gerade dadurch aus, daß

sie das Schulleben und die Schultätigkeit in engste Verbindung mit dem Werkstattleben und der Werkstattätigkeit beim Meister gesetzt haben und daß in nicht wenigen Fällen die Meisterschaft selbst den lebhaftesten Anteil nimmt an den Erziehungsaufgaben der Schule, wie umgekehrt die Schule an den Erziehungsaufgaben der Meister. Das ist es, was ich als Erweiterung des Erziehungsbereiches der Schule bezeichnet habe. Unter dem Eindruck dieser Erkenntnis haben daher nicht nur die Einsichtigen der Münchener Meisterschaft für die Organisation sich ausgesprochen und nicht unbeträchtliche Opfer für deren Entwicklung gebracht, sondern, was noch viel mehr bedeutet, auch der gesamte bayerische Handwerkerstand hat gelegentlich des 25. allgemeinen bayerischen Handwerkertages im Juni 1908 für den praktischen Unterricht an unseren fachgewerblichen Fortbildungsschulen sich erklärt. Trotz alledem arbeiten gewisse angebliche Freunde und Förderer des Kleinhandwerks darauf hin, durch Verwechslung der Begriffe von Lehrwerkstätten, welche die Meisterlehren ersetzen, und Lehrwerkstätten, welche sie bloß ergänzen, die Abgeneigtheit der Kleinmeister, Opfer zu bringen für die Erziehung des gewerblichen Nachwuch-

ses, in einen unmittelbaren Widerstand gegen diese
Schulorganisation umzuwandeln. In dieser Maul-
wurfsarbeit lassen sie sich auch nicht hindern
durch den Gedanken, daß eine solche Organisation nicht nur der Berufsgemeinschaft von aller-
größtem Nutzen wäre, sondern einzig und allein
die Möglichkeit der rechten staatsbürgerlichen
Erziehung sicherstellt, die schließlich niemand
mehr zugute käme als den Gewerbeverbänden
selbst. Wenn die neue Reichsgesetzgebung die
Fortbildungsschulpflicht bis zum 18. Lebensjahre
ausdehnt, wird diese Ausdehnung nur so weit ein
Segen für die staatsbürgerliche Form der sittlichen Erziehung unseres Volkes sein, als es ihr
zugleich gelingt, durch die Verwirklichung des
Gedankens der freiwilligen Arbeitsgemeinschaft
im Betriebe dieser Fortbildungsschulen sie aus
Buchschulen in Erziehungsschulen umzuwandeln.

Manche Schwierigkeiten bereiten in der
Gegenwart der Durchführung dieses Gedankens
die Ausgaben für die zu verarbeitenden Roh-
stoffe. Aber diese Schwierigkeiten können
wenigstens im wesentlichen behoben werden,
wenn die Arbeitsstücke, sei es unmittelbar, sei
es durch die Gewerbeverbände, die mit den
Berufsschulen verknüpft sind, dem öffentlichen

Verkauf unterstellt werden (wie an den Berner
Lehrwerkstätten) oder wenn die Fortbildungsschulen überhaupt für gemeinnützige öffentliche
Zwecke arbeiten. Die Abneigung der Kleinmeister gegen diese angebliche „Konkurrenz" ist
mehr als kleinlich, engherzig und kurzsichtig.
Niemals können solche Schulen in einen nen-
nenswerten Wettbewerb mit dem freien Gewerbe
treten, wie alle Erfahrung zeigt, wo der Unterhalt
der Schulen mit dem Erlös der verkauften Arbeit rechnen muß.

In der V o l k s s c h u l e endlich scheint mir wenigstens in systematischer Form staatsbürgerlicher Unterricht ausgeschlossen. Hier fehlen nicht
bloß die aus der Berührung mit dem öffentlichen
Leben entspringenden sozialen Werterlebnisse,
wie sie selbst dem Lehrling nicht ganz vorenthal-
ten bleiben, sondern auch die geistige Reife für
eine nutzbringende Verarbeitung der erlebten
oder im Unterricht mitgeteilten Tatsachen zu
staatsbürgerlicher Erkenntnis. An dieser meiner
Überzeugung ändert auch der Umstand nichts,
daß einzelne Staaten, wie Frankreich, Dänemark,
Finnland, in den oberen Klassen ihrer Volksschulen einen solchen regelrechten Unterricht
eingeführt haben. Nichtsdestoweniger können

gleichwohl auch schon die Volksschulen in den Dienst der staatsbürgerlichen Erziehung treten. Dazu ist zunächst notwendig, daß, wo es zweckmäßig und naturgemäß ist, der Unterricht ähnlich wie in den Fortbildungsschulen vom Gesichtspunkt der Arbeitsgemeinschaft aus organisiert wird. Gerade wie dort und wie auch an den höheren Schulen bieten Schulwerkstätten, Schulgärten, Laboratorien neben manchen anderen Einrichtungen, die ich in verschiedenen meiner Schriften geschildert habe, einen natürlichen Boden hierzu, wenigstens in den oberen Klassen unserer Volksschulen.

Es möge genügen, ein Beispiel zu geben. (Vergleiche auch: Grundfragen der Schulorganisation, B. G. Teubner, 5. Aufl., 1927, die Schule der Zukunft, eine Arbeitsschule.) Der Physikunterricht wird, von jener völlig wertlosen Form abgesehen, wo der Lehrer lediglich erzählt und die Schüler das Erzählte auswendig lernen — eine Form, die leider auch heute noch zu treffen ist —, gewöhnlich in der Weise erteilt, daß vor einer Schar von 40 bis 60 Schülern der Lehrer mehr oder weniger geschickt seine experimentellen Zauberkunststücke vorführt. Wo man sich damit begnügt, daß am Ende des Schuljahres gewisse physikalische Anschauungen und Kenntnisse sprungbereit vorhanden sind, hat dieser Unterricht seine Schuldigkeit getan. Dies ist aber die unentwickeltste Form der Schularbeit. Eine wesentlich höhere Form ergibt sich, wenn der Physikunterricht den S c h ü l e r s e l b s t zum Experiment zwingt. Denn hier werden nicht bloß klare Anschauungen und Vorstellungen gewonnen, sondern auch eine ganze Reihe von Willensbegabungen entwickelt, die Beobachtungsbegabung, der Drang zum Prüfen und zum sachlichen Urteilen, die Freude an der Genauigkeit, die Ausdauer, der Sinn für Gründlichkeit und Sparsamkeit usw.

Die höchste Form aber stellt sich ein, wenn dieser Zwang zur experimentellen Untersuchung in einer Arbeitsgemeinschaft ausgeübt wird. Denn hier erst entwickeln sich die Tugenden der sittlichen Selbstverneinung. Gegeben sei eine Klasse von 48 Schülern. Wir teilen sie in acht Gruppen zu sechs oder besser in zwölf Gruppen zu je vier Schülern. Einer solchen Gruppe ist gemeinschaftlich eine Untersuchung zuzuweisen, etwa die Bestimmung des spezifischen Gewichtes von Blei. Der eine der vier Schüler bedient die Gewichtsschalen der physikalischen Wage, der andere besorgt die Hemmung und Ablesung, der dritte

überwacht und unterstützt den ersten, der vierte
den zweiten, sowohl in der Beobachtung als auch
in der Berechnung. Ist ein Wert der Konstanten
ermittelt, so wechseln die vier Knaben ihre Rol-
len und berechnen einen zweiten, unter Umstän-
den, je nach Zeit und Geschicklichkeit, auch
einen dritten und vierten Wert. Das arithmetische
Mittel gibt den Endwert. Es liegt auf der Hand,
daß schon innerhalb der Gruppen die Arbeitsgemeinschaft ihre erziehliche Kraft entfalten
kann. Der Fähigere wird dem weniger Begabten hilfsbereit zur Seite sein, der persönliche Ehrgeiz des einzelnen muß sich unterordnen in den
Gruppenehrgeiz, die rechte Konstante zu ermit-
teln, das Verantwortlichkeitsgefühl für die
eigene Tätigkeit in Rücksicht auf den Erfolg der
gemeinsamen Arbeit erwacht, die Befriedigung
über den Erfolg, die Enttäuschung über den Miß-
erfolg hört auf, eine rein persönliche zu sein, und
der Stolz läuft damit weniger Gefahr in Eitelkeit,
die Enttäuschung in Entmutigung auszuarten.
Dem Lehrer, der diese Art des Betriebes in der
rechten Weise sittlich auszunützen versteht, wird
es nicht schwerfallen, diese Wirkung zu verstär-
ken, indem er die Untersuchungen aller zwölf
Schülergruppen in der rechten Weise zur Ermit-

telung des eigentlichen Wertes der Konstanten
verbindet. Der Klassengeist für die gemeinsame
Erreichung eines ernsten Zieles erwacht, und das
ist ein wertvoller Anfang zur Erziehung zur Hingabesittlichkeit.

Die soeben geschilderte Arbeitsgemeinschaft
im Unterrichtsbetrieb läßt sich auf die mannig-
faltigsten Verhältnisse der niedern und höheren Schulen und selbstverständlich auch auf
alle Arten von Fachschulen übertragen. Dabei
kann das Arbeitsgebiet ein rein wissenschaft-
liches, ein technisches, ein hygienisches oder auch
ein rein wohltätiges sein. Alle Schülerverbände,
alle Jugend- und Jünglingsvereinigungen wirken
erst dann im Sinne staatsbürgerlicher Erziehung,
wenn sie auf der Grundlage eines g e m e i n s a -
m e n Arbeitsgebietes errichtet sind. Die Bega-
bungen und Neigungen des e i n z e l n e n, denen
der heutige Unterrichtsbetrieb so einseitig entge-
genkommt, werden dabei trotz des auf die Leistungen der Gemeinschaft gerichteten Blickes des
Lehrers durchaus auf ihre Rechnung kommen.
Denn durch die Arbeitsgemeinschaft wird die
Grundlage der Erziehung auf eine wesentlich brei-
tere Grundlage gestellt und die Mannigfaltigkeit
der moralischen und geistigen Verhältnisse, auf

deren Notwendigkeit für die Gestaltung der In-
dividualität schon Wilhelm von Humboldt in seinen „Ideen zu einem Versuch, die Grenzen der
Wirksamkeit des Staates zu bestimmen" so eindringlich hinweist, wird eine ungleich größere.
Und wenn selbst in jenen Schulen, welche die
Massen treffen, die Ausbildung des reinen In-
tellektes nicht so weit getrieben werden könnte,
als der Bildungsrausch der letzten Jahrzehnte be-
absichtigte, die um so bewußter und gründlicher
gepflegte Charakterbildung wird hier Früchte
möglich machen, die hundertfachen Ersatz bieten für den möglichen Ausfall an Wissen.

Neben diesen Arbeitsgemeinschaften im U n -
t e r r i c h t d e r P f l i c h t f ä c h e r kommt nun weiter als wertvolles Mittel der staatsbürgerlichen Erziehung, und zwar auch in den Elementarschulen
schon, die Pflege von f r e i w i l l i g e n S c h ü l e r -
v e r b ä n d e n oder f r e i w i l l i g e n S c h ü l e r -
k l u b s in Betracht, sowohl solcher, die bloß um
der Verwirklichung eines gemeinsamen Zweckes
willen geschlossen werden, wie die der Wander-,
Spiel-, Musik,- Zeichen-, Literaturfreunde usw.,
als auch solcher, die von vornherein aus einer
sittlichen Idee geboren sind. Von der Ausdehnung
solcher Schülerverbände in den Elementarschu-

len der Vereinigten Staaten hat man in Deutschland keine Ahnung. Vielleicht nützt es einiges, wenn ich, um dieses so wertvolle Mittel auch bei uns einzubürgern, eine Schilderung hier wiederhole, die ich im Jahre 1912 in den „Süddeutschen Monatsheften" veröffentlicht habe. Man macht uns Deutschen gerne den Vorwurf der Nachahmungssucht; auf dem Gebiete der Erziehung kann man ihn sicher nicht aufrechterhalten. Hier sind wir im alten Obrigkeitsstaat so sehr von unserer eigenen Unübertrefflichkeit überzeugt gewesen, daß unsere Regierungen sich wenig Mühe gegeben haben, das Unterrichts- und Erziehungswesen fremder Länder sorgfältig studieren zu lassen. Wenn es aber ja geschehen ist, dann haben die ausgeflogenen Schulbienen in dem Bewußtsein, daß ihre Waben zu Hause ohnehin voll süßen Honigs sind, mit wenigen Ausnahmen, vor allem über die leeren und kranken Blüten berichtet, die natürlich überall stehen, wo Menschen am Erziehungswerk schaffen. Ich habe immer mich um das Gegenteil bemüht und bin immer auch in kümmerlicher Gegend belohnt worden. So fand ich in der Elementarschule 188 im Südosten der Stadt Neuyork, die allerdings nicht weniger als 5000 Kinder in etwa 100 Klas-

sen unter einem männlichen und einem weiblichen Oberlehrer zählt, nicht weniger als 45
solcher Verbände. Die einfachste Form war,
daß die Klasse selbst einen solchen Klub bil-
dete, unter dem Namen eines Historikers, Na-
turwissenschaftlers, Dichters, Staatsmannes,
Feldherrn und mit dem Banner der Stadt und des
Landes, das die Geburtsstätte des gewählten Pa-
trones war. Die Knaben hatten dann die Aufgabe,
das Leben und Werk des Mannes, dessen Namen
sie trugen, aus den ihnen zur Verfügung stehenden Büchereien zu studieren, darüber von Zeit
zu Zeit einen Vortrag oder eine Besprechung zu
halten oder für seinen Geburts- oder Todestag ein
Klassenfest vorzubereiten und durchzuführen. Ich
fand eine Newton-Klasse, die mir eine Beschrei-
bung von Newtons Leben gab, eine Marconi-
Klasse, eine Edison-Klasse, einen Lawrence-Klub,
eine Roosevelt-Klasse usw. Dem gewählten Pa-
tronatsherrn entsprechend haben sie auch einen
Sinnspruch, der zugleich als Klassenwahlspruch
dient und dessen sittlichen Kern das ganze Jahr vor
Augen zu halten dem Klub zur Pflicht gemacht
ist. So hatte der Lawrence-Klub zwei Fahnen mit
dem Wahlspruch: „Be true to your color" (Sei
treu deiner Farbe) und „Don't give up your ship"

(Lasse dein Schiff nicht im Stich). Andere Klassenwahlsprüche waren: „Perseverance keeps honor bright" (Beharrlichkeit führt zum Ziel), „Succes against odds" (man soll sich nicht durch Widerwärtigkeiten abschrecken lassen), „Strong Union" (Einigkeit macht stark), „Self-reliance — Self-control" (Selbstvertrauen — Selbstbeherrschung), „Proper speech for proper thoughts" (nenne jedes Ding beim rechten Namen), „Serve your city" (diene deiner Vaterstadt). Die Roosevelt-Klasse hatte den Wahlspruch Roosevelts „Play fair" (sei gerecht und billig). Es gab auch einen Rektor- (Oberlehrer-) Klub. Seine Mitglieder trugen im Knopfloch Tag für Tag einen Porzellanknopf mit dem Porträt des Oberlehrers und verpflichteten sich, ihm in allen möglichen Aufgaben der Schulordnung dienstbar zu sein. Alle Klubs und Klassen wählen ihren Präsidenten, ihren Vizepräsidenten, ihren Sekretär und ihren Schatzmeister, haben ihre eigenen Satzungen und besorgen ihre eigenen Klassenangelegenheiten. Nicht wenige dieser obersten Klassen haben schon ihre Debattierklubs. Ich wohnte einer solchen Debatte bei, in welcher die vierzehnjährigen Knaben über die Berechtigung des weiblichen Stimmrechtes stritten. Ein Knabe liest mir seinen ausführlichen Bericht über diese wichtige Angelegenheit vor. Die Besprechung schenkte ich mir. Aber auf meine Anfrage erkannte ich zu meinem großen Vergnügen, daß alle Knaben für das weibliche Stimmrecht stimmten. Ich muß aber hinzufügen, daß der Lehrer dieser achten Knabenklasse eine Dame war, die selbst dem Verein für Frauenstimmrecht angehörte. Etwas angenehmer dürften wohl jene Klubs von der achten Mädchenklasse berühren, die sich Wohltätigkeitsziele setzen, indem sie zu ihren täglichen Mittagsmahlzeiten immer 20 bis 30 der ärmsten Schülerinnen des Hauses nach eigener Wahl einladen.

Namentlich in Schulen, in welchen nur Oberklassen vereinigt sind, wie ich das wiederholt in Boston und in Neuyork traf, entwickeln sich die Klubs in trefflicher Weise und beeinflussen das sittliche Leben der ganzen Schule. So besuchte ich eines Tages in der Essex-Straße zu Neuyork die 62. Schule, in welcher etwa 50 siebente und achte Klassen sich befanden. Die Schule liegt im Judenviertel. Vom Hauseingang wiesen zum Oberlehrer hebräische Anschläge. Beim Betreten der Aula um 9 Uhr waren 1200 Kinder zur Morgenandacht versammelt; sie sangen das Lied: „Die Himmel rühmen des Ewigen Ehre." Der drei-

stimmige Gesang war ausgezeichnet eingeübt.
Ich habe selten so musterhafte Schulzucht gesehen während des Gesanges, beim Betreten und
beim Verlassen der Aula, wie hier, obwohl wir
ganz unerwartet zu Besuch kamen. Freilich sind
die Juden Neuyorks ein ausgezeichnetes Erzie-
hungsmaterial, die Knaben ehrgeizig wie die Eltern, und die Familie stets bereit, die Schule zu
unterstützen. Nachdem ich im Anschluß an das
Lied eine Ansprache gehalten hatte, hörte ich
einige gut gesprochene Vorträge von Knaben
und Mädchen an, worauf unter dem Klange
eines von einem Lehrer gespielten Marsches,
die deutsche Flagge grüßend, die 1200
Kinder in wundervoller Ordnung abmarschierten.
In dieser Schule fand ich nun auch nicht weniger
als achtzehn nachmittägige Schülerklubs,
welche nach Schluß des Unterrichtes um 3 Uhr
oder zwischen 6 und 8 Uhr ihre Sitzungen hielten. Es gab einen Orchesterklub, einen ethischen
Klub, einen scribbler-club (literarischen Klub),
einen dramatischen Klub, einen glee-club (Ge-
sangsklub), selbstverständlich eine Anzahl Turn-
spielklubs und endlich auch einen Zeitungs-
klub. Die Zeitung wird von den Schülern selbst
herausgegeben, handschriftlich, dagegen außer-

halb der Schule in einem Geschäft gedruckt. Die
Kosten für diese Zeitung werden durch die „ad-
vertisers", also durch die Anzeigen gedeckt, die
zahlreich von Geschäftsleuten des Stadtteils ein-
laufen. Etwa 3000 Schulkinder halten sich die
Zeitung. Ich glaube, sie zahlen nur 1 Cent im
Monat. Ich verließ mit großer Befriedigung das
sechs Stockwerk hohe Schulhaus, in dessen unmittelbarer Nachbarschaft sich noch drei andere
befanden, die zusammen mit der Essex-Schule
etwa 12000 Schulkinder beherbergen.

In dem ungemein dicht bevölkerten Stadtteil,
der vielleicht von 800000 russischen Juden be-
völkert ist, waren die Schulhäuser so nahe bei-
sammen, daß man fast immer nur einen Block
zu gehen hatte, um auf ein neues Schulhaus zu
stoßen. Trotzdem reichen die Schulhäuser oft
nicht oder sind nicht genügend eingerichtet für
die Klubzwecke der Schüler. Und so fand ich in
diesem Stadtteil ein vollständiges Klubhaus für
die Schulkinder, das ein Mister Harryman gestif-
tet und in gutem Haustein ausgeführt hat. Hier
sammeln sich abends und mittags die Kinder zu
Klubsitzungen für alle möglichen Unternehmungen.

Am wirksamsten aber wäre, die an einen

geistigen Wert gebundene Arbeitsgemeinschaft
in einer einklassigen Dorfschule in den Dienst
staatsbürgerlicher Erziehung zu stellen. Voraus-
gesetzt ist freilich eine vom sozialen Geiste erfüllte Lehrer- und Erzieherseele und eine Schulbehörde, die neben der bloß intellektuellen Arbeit der Schule auch die Bedeutung ihrer sozialen Arbeit zu würdigen weiß. Ich nehme ein
Beispiel aus dem Leben der Gegenwart. Im
Herbste 1927 ging mir ein kleines Büchlein zu:
„Erziehung zum Gemeinschaftsgeist und zur
staatsbürgerlichen Gesinnung". (Stuttgart, Verlag Holland und Josenhans.) Der Verfasser ist
der Volksschulrektor W i l h e l m M a u t e, der
12 Jahre als Volksschullehrer an einer einklassigen Landgemeindeschule in rein bäuerlicher
Gegend bis zum Jahre 1924 tätig war. Mit seinen Schulkindern pflegte er kleine freie Plätze
des Dorfes, setzte mit ihnen in freien Stunden
den Kirchhof instand, säuberte die Wege, ent-
fernte die Brennesseln und wilden Gesträppe,
sorgte mit den Kindern, daß verlassene Gräber
sich mit Efeu überrankten, ihnen die Mahnung
einprägend, „denkt an die Ehre eures Heimat-
dorfes und daran, daß ihr fast alle später einmal
auch da schlafen werdet". Er bewirtschaftete

mit ihnen ein kleines Versuchsfeld und pflanzte mit ihnen und dem Gemeindebaumwart Obstbäumchen, welche die Gemeindeverwaltung auf seine Veranlassung jedem Konfirmanden in jedem Frühjahre zur Pflege schenkte. Noch vor seinem Weggange plante er, seiner Schule eine große Erziehungsaufgabe zu stellen, nämlich in jedem Jahre ein kleines Stück Feldweg fachgemäß unter Anleitung des Fron- und Wegmeisters auszubessern. Weihnachtsfeiern, Frühlingsfeiern, Schulentlassungsfeiern, Elternabende blieben nicht bloß eine Angelegenheit der Schule, sondern fanden stets unter Teilnahme des ganzen Dorfes statt. Selbst die Schulprüfung wurde zum Gemeindefest. Er legte eine Schülerkasse an mit freiwilligen Einlagen und gemeinsam bestimmten Ausgaben für Schulzwecke, Feste, Unterstützungen usw. Ihr Verwalter war nicht der Lehrer, sondern zwei Vertrauensleute der Schule. Diese Vertrauensleute, die auch noch andere Ämter hatten, wurden jedes Frühjahr von den Kindern der Schule neu gewählt und dann vor der ganzen Schule vom Lehrer mit der einfachen Formel verpflichtet: „Wollt Ihr das recht erfüllen, was ich Euch gesagt habe und was alle Eure Kameraden von Euch erwarten,

so gebt mir die Hand!" Der Lehrer versichert,
daß in den ganzen 12 Jahren diese Verpflichtung
auch kein einziges Mal etwa nur eine Komödie
oder Schauspiel gewesen sei.

In den Vereinigten Staaten von Nordamerika
fand ich an einzelnen Volksschulen neben ähnlichen Bemühungen auch noch eine d r i t t e Einrichtung, welche die Volksschulkinder zur sittlichen S e l b s t r e g i e r u n g führt. In Neuyork
gibt es eine Anzahl von Schulen, in welchen Knaben und Mädchen i h r e e i g e n e n G e r i c h t s -
h ö f e gebildet haben und mit diesen die Schulzucht handhaben. Zwei solche Gerichtshöfe, einer
für Knaben und einer für Mädchen, finden sich
zum Beispiel an der 110. public school an der
Kreuzung der Cannon- und Broome-Street. Der
Knabengerichtshof besteht aus zehn Mitgliedern,
deren jedes seine besonderen Aufgaben oder Be-
richterstattungen hat. Unter ihnen befindet sich
natürlich der vorsitzende Richter, zwei Hilfs-
richter, ein Rechtsanwalt und ein Verteidiger.
Dieser Gerichtshof regiert die Schule vom Kel-
lergeschoß bis zum Dachboden. Er hat alle Fragen der Schulzucht, die Fragen des verspäteten
Schulbesuches und unentschuldigten Fernblei-
bens zu beurteilen. Die Lehrer wohnen den Ver-

handlungen bei, aber sie haben nur Besuchsrecht und werden auch als Besucher behandelt. Der Boy's court hat auch verwaltungsmäßige und andere Angelegenheiten. Er beruht auf einer Verfassung, die von den „Bürgern", das ist gewissen Knaben der Schule, gegeben und in einer „charter" niedergelegt ist. Nicht alle Schüler der Schule sind „Bürger" im Sinne dieser Verfassung. Das Bürgerrecht ist nur derjenigen Klasse oder demjenigen einzelnen gewährt, welcher eine Prüfung über Regierungsangelegenheiten des kleinen Staates bestanden hat. Die Bürger sind zugleich Beschützer der kleineren Schüler, die nicht Bürger sein können, und haben Stimmrecht in den Versammlungen. Dieses Stimmrecht ist so hoch geschätzt, daß der Verlust desselben die größte Strafe ist. Der Vater eines Knaben, der ein bekannter Anarchist war, widersetzte sich eines Tages dem Schulstaat und erklärte, daß dieser kein Recht hätte, über seinen Sohn zu urteilen. Sofort wurde der Sohn seiner Bürgerrechte enthoben. Aber innerhalb einer Woche kam der Vater und unterwarf sich und seinen Sohn dem Schulstaat, worauf der Knabe sofort wieder in seine vollen Rechte eingesetzt wurde. Ein vernünftiges Mittel, Anarchisten zu belehren! In der

Urkunde, welche die Verfassung dieses Schul-
staates festlegt, ist als Zweck der Regierung die
Aufgabe bezeichnet, die Mitglieder des Staates
durch Selbstregierung zum rechten Bürgerberuf
zu erziehen. Auch die Pflichten sind in der Urkunde niedergelegt; z. B. „höflich und gütig zu
sein gegen alle"; „alles zu vermeiden, was gegen
die Gesetze des Staates oder der Stadt ist oder
was die Rechte und das Glück anderer verletzt";
„jeder allgemeinen Versammlung der Schüler an-
zuwohnen, zur Aufrechterhaltung der Gesetze beizutragen, anderen ein gutes Beispiel zu geben und
alles zu tun, was die Wohlfahrt der Schule fördern kann". Nach den Mitteilungen der Leiterin
der Schule bestand die Selbstregierung der Schüler seit zehn Jahren und wurde in einer einzigen
Klasse begonnen. Der Erfolg war so gut, daß sie
sich allmählich ausdehnte und jetzt alle höheren
Klassen umfaßt. Die Nachbarschaft der Schule ist
eine der dichtbevölkertsten der Welt; sie umfaßt
nicht wenige eingewanderte Fremde, welchen
Regierung überhaupt nichts anderes bedeutet als
Tyrannei. Alle Nationalitäten scharen sich in rie-
sigen Wohngebäuden um die Schule: Russen, Ita-
liener, Deutsche, Iren, Österreicher, Ungarn, Ru-
mänen, Griechen. Das Notwendigste war hier den

Kindern dieser einander gänzlich fremden Rassen
ein selbstloses Interesse aneinander zu lehren, von
innen heraus Autorität zu entwickeln, statt ihnen
Autorität aufzudrücken und den Kindern zu zeigen, daß Ordnung besser ist als Anarchie. In
dem Maße, als die Selbstregierung schrittweise
sich ausdehnte, wurde jeder Bürger der Lehrer
eines neuzugewanderten fremden Kindes. So wuchs
der Schulstaat auf einer soliden gesunden Grundlage. Die kleinen Bürger sind gütig zu den kleinen Verbrechern, nur verzichten sie darauf, mit
ihnen zu spielen. „Der einzige Weg, auf welchem
solch eine Selbstregierung hoffen kann, erfolg-
reich zu sein," meinte Miß Simson, „ist, daß die
Lehrer sich nicht dareinmengen. Sie müssen, äu-
ßerlich wenigstens, diese Regierung nicht beach-
ten. Ich selbst", sagte sie, „habe niemals den Kindern irgendeinen Rat gegeben, ausgenommen zu
der Zeit, da sie ihre Verfassung (charter) vorberei-
teten. Und von dieser Zeit an leben sie genau
nach dieser Verfassung, und d i e g a n z e S e l b s t -
r e g i e r u n g h a t d i e S c h u l e , d i e e i n s t v o r
z e h n J a h r e n a l s d i e s c h l e c h t e s t e i n d e r
S t a d t g a l t , z u e i n e r d e r b e s t e n u m g e -
w a n d e l t ."
Daß übrigens auch in deutschen Volksschulen

das Erziehungsmittel des Schülergerichtshofes
mit gutem Erfolge durchgeführt werden kann,
das hat Rektor Th. F u h r m a n n an seiner Schule
gezeigt. Ich verweise auf seinen Bericht im Evangelischen Schulblatt 1913, Heft 7, auf den ich
durch Försters „Politische Ethik" aufmerksam gemacht wurde. Die Bedeutung von solchen Schü-
lergerichtsverhandlungen ist auch in anderer Hinsicht sehr bemerkenswert. „Wir tun dabei Ein-
blicke in die häuslichen Verhältnisse," sagt er,
„in das Leben und Treiben unserer Schüler, die
zur Beurteilung der Handlungsweise und des Charakters von hohem Werte sind, ganz abgesehen
von dem allgemeinen ethischen Interesse, das sie
hervorrufen."

VIII. STAATSBÜRGERLICHE ER-
ZIEHUNG UND AUTORITÄT.

Die vorausgegangenen Untersuchungen haben
zu dem Ergebnis geführt, daß staatsbürgerliche
Erziehung eine Erziehung des Charakters
ist, eine Erziehung zur „Charakterstärke der Sittlichkeit" (um mich eines Herbartschen Aus-
drucks zu bedienen), und daß sie die soziale wie
die politische Erziehung in sich schließt. Soll die
Schule sich an dieser Aufgabe mit Erfolg betei-
ligen, so bedarf sie einer Organisation und eines
Betriebes, der nicht unwesentlich von den gegenwärtigen Formen verschieden ist. Als Charakter-
erziehung ist sie aber noch nicht staatsbürgerliche Erziehung im eigentlichen Sinne. Dieser Begriff verlangt zweitens, daß die sozialen Gewohnheiten, die sich im Dienste der kleineren
Verbände der Familie, der Schule, der Jugend-
vereine entwickelt haben, mehr und mehr im
Dienst einer sittlichen Idee geübt werden, und er
verlangt drittens, daß sie nicht im Gruppen-
dienst untergehen, sondern sich schließlich in den

Dienst jenes Verbandes oder jener Arbeitsgemeinschaft stellen, die wir Staat nennen. Das ist
nur möglich in dem Maße, als sie von der Idee
der sittlichen Staatsgemeinschaft, der von den
Grundsätzen der Gerechtigkeit und Billigkeit, der
moralischen Tapferkeit und des selbstlosen Wohl-
wollens regierten „Freibürgerschaft" durchsetzt
sind.

Dazu hat nun die Schule selbst allerdings keine
Möglichkeit. Was sie tun kann und tun muß, das
ist, daß sie ihre Schüler, ausgehend vom vorhandenen Staate, in dem sie leben, dessen Entwicklung,
Sorgen und Aufgaben sie im geschichtlichen und
staatsbürgerlichen Unterricht kennen lernen, mit
der Idee der idealen Staatsgemeinschaft und mit
der Ehrfurcht und Verehrung für die Männer
erfüllt, die im Laufe der Geschichte der Wohlfahrt oder dem Schutze dieser Gemeinschaft ihr
Leben geweiht oder geopfert haben und daß sie
an zahlreichen Beispielen und Gegenbeispielen,
sei es aus dem Beruf, dem der Schüler angehört,
wie in den Fortbildungsschulen, sei es aus den
Ereignissen der Vergangenheit und Gegenwart,
wie in den höheren Schulen, in dem Schüler die
Überzeugung von der Notwendigkeit opferfreu-
diger staatsbürgerlicher Betätigung erweckt.

Wieweit die so im Unterricht erzeugten Ideale
des Staatslebens an die Stelle der weniger um-
fassenden Ideale des Familien-, Schul-, Berufs-,
Verbandslebens treten, aus denen zunächst die
sozialen Gewohnheiten herausgewachsen sein
müssen, bzw. wieweit sich diese Ideale mit diesen
Gewohnheiten verbinden und so willensbestim-
mend werden für den Dienst in der großen Gemeinschaft, das hängt nicht bloß von Wärme und
Klarheit ab, mit welcher sie in die Jugend ge-
pflanzt sind, sondern ebenso sehr, ja bei dem
Kampf ums tägliche leibliche und geistige Brot,
der die Mehrzahl der heranwachsenden Bürger
völlig beschäftigt, in noch höherem Grade davon,
wieweit der gegebene Staat bereits selbst ein
Rechts- und Kulturstaat ist. In dem absoluten
Polizeistaat des 18. Jahrhunderts war alles staatsbürgerliche Empfinden und damit alles National-
bewußtsein in den besitzenden und gebildeten
Kreisen fast erloschen. Es bedurfte der ungeheuren Drangsal der napoleonischen Wirren, um im
deutschen Volke den noch unter der Asche glim-
menden Funken vor dem völligen Erlöschen zu
bewahren und zu neuen Flammen anzufachen.
Als die Befreiungskriege die größte Not besei-
tigt hatten, trat zunächst wieder das gleiche

staatsbürgerliche Philistertum in die Erscheinung,
wie vorher. In England dagegen erblicken wir
schon 100 Jahre früher in ähnlichen entschei-
denden Augenblicken eine starke Teilnahme am
Staatsleben und ein wachsendes Nationalgefühl,
das sich in dem gleichen Maße steigert, als die
Entwicklung zum Rechts- und Kulturstaat vor-
wärtsschreitet und die Mitwirkung großer Kreise
der Bevölkerung an den Angelegenheiten der Regierung zunimmt. Daß die staatsbürgerlich zu Er-
ziehenden tätigen Anteil haben an der Gestaltung
des Staatslebens selbst, das ist die natürliche Voraussetzung der Möglichkeit einer solchen Erziehung. Denn die berechtigten Interessen der Bürger sollen in den staatlichen Interessen zum Ausdruck kommen, und für jeden Interessenkreis
muß die Möglichkeit bestehen, in friedlichem
Kampfe dafür zu sorgen, daß diese Übereinstimmung der Staatsinteressen und der Interessen der
Bürger soweit als möglich erzielt wird.

Wie groß nun aber der Anteil der Teilnahme
an der Regierung sein kann und sein darf, das
ist eine andere Frage. Wären alle Bürger von
Haus aus in intellektueller wie sittlicher Beziehung gleich begabt, so würde die Idee der Gerechtigkeit und Billigkeit verlangen, daß alle Bür-

ger ohne Ausnahme den völlig gleichen Anteil an der Regierung haben. In diesem Falle wäre die staatsbürgerliche Erziehung zwar immer noch kein Kinderspiel, weil ja die egoistischen Interessen nach wie vor von ausschlaggebender Wirkung bleiben, aber sie wäre eine verhältnismäßig leicht zu lösende Aufgabe. Nun wissen wir alle, daß das Gegenteil der Fall ist, daß in bezug auf geistige und sittliche Begabung die Bürger eines Staates voneinander ebenso himmelweit verschieden sind, wie etwa die Tiere und Pflanzen in bezug auf organische Gestaltung. Wir sind alle Menschen, gewiß, aber unsere Gleichheit in dieser Hinsicht beruht auf unserer äußeren Erscheinung. In unserer inneren Gestaltung, in unseren Trieben, Anlagen, Fähigkeiten und damit in unserer geistigen Struktur sind wir so verschieden wie der Wurm, der im Staube kriecht, verschieden ist vom Adler, der in den Lüften kreist.

Der Weg der Entwicklung des gegebenen Staates führt aber nicht in der Richtung zum Rechts- und Kulturstaat, was doch der Zweck aller staatsbürgerlichen Erziehung sein soll, wenn die ungeheure Mehrzahl der Mäßig- und Minderbegabten die gleichen Herrschaftsrechte haben,

wie die verhältnismäßig kleine Zahl der nicht
bloß intellektuell sondern auch moralisch Hochbegabten. Darüber müssen wir uns vollständig
klar sein. Daß diese überwiegende Masse der
Menschen freiwillig und ohne besondere Erziehung der Minderzahl der geistig und sittlich
Hochstehenden einen wesentlich größeren Anteil
der Regierung des Staates einräumt, ist ausgeschlossen, und doch ist dies unbedingt notwendig,
wenn die Entwicklung des Gesellschaftslebens
aufwärts führen soll. Die staatsbürgerliche Erziehung aber so zu gestalten, daß nicht nur die
sittlich und geistig Hochbegabten sich in den
Dienst der Gemeinsamkeit stellen, sondern auch.
daß die sittlich und geistig Minderbegabten nicht
den gleichen Anteil an der Regierung in An-
spruch nehmen, daß sie, die Träger höherer
Werte anerkennend, ihnen freiwillig Gefolgschaft leisten, — das ist die schwierigste Aufgabe der staatsbürgerlichen Erziehung. Ob sie
gelöst werden kann, kann nur der ernste Versuch
mit den bisher als notwendig erkannten Mitteln
lehren. Ist eine Lösung nicht möglich, so führt
jeder Volksstaat, nachdem alle äußeren Bindungen
des Obrigkeitsstaates gefallen sind, mehr und
mehr zu einem Zustande der Gesellschaft, der

entweder in Plutokratie oder in Anarchie aus-
mündet. Vielleicht hat das Ergebnis einer solchen
Entwicklung niemand formvollendeter ausge-
drückt als Bossuet, der berühmte Prediger aus
der Zeit Ludwigs des XIV., indem er die drei Pa-
radoxa prägte: „Où tout le monde peut faire ce
qu'il veut, nul ne fait ce qu'il veut; où il n'y a
pas de maître, tout le monde est maître; où tout
le monde est maître, tout le monde est esclave."
„Wo jeder tun kann was er will, kann keiner
tun was er will; wo es keinen Herrn gibt, ist
jeder Herr; wo jeder Herr ist, ist jeder Sklave."

J e d e n f a l l s k a n n s i e n i e m a l s g e l ö s t w e r -
d e n o h n e E r z i e h u n g z u m A u t o r i t ä t s g e -
f ü h l , o h n e E r z i e h u n g z u r E h r f u r c h t. Ich
meine nun nicht jene Autoritätserziehung, die
blind gegen die Fehler der Träger der Autorität
ist; ich meine jene von moralischer Tapferkeit
getragene, die zwar den unfähigen oder pflicht-
vergessenen Träger der Autorität tadelt und bekämpft, natürlich am rechten Platze und in vor-
nehmer Weise, aber die einzelne Autoritätsidee
selbst hochhält. Der wohl unterrichtete katholische
Kleriker weiß sehr wohl, daß auf dem Stuhle Petri
auch lasterhafte und einfältige Päpste saßen. Er
bedauert und tadelt diese Erscheinung. Aber das

Papsttum als solches, die Autoritäts- und Reprä-
sentationsidee der Kirche läßt er nicht antasten.
Die sogenannte englische Gesellschaft kannte
sehr wohl gewisse Fehler Eduards VII., da er
noch Kronprinz war, Fehler, die schwerer beim
Fürsten als bei jedem anderen wiegen. Der vornehme Engländer mißbilligte sie in jeder Weise.
Wenn der Kronprinz oder später der König als
sein Gast in die gleichen Fehler verfallen wollte,
so gestattete er es nicht und sprach mit aller
Deutlichkeit dies dem Könige gegenüber aus.
Aber die Autorität des Königtums, die Autorität
der Staatsrepräsentanz blieb vor der Öffentlich-
keit unangetastet. Am Abend des gleichen Tages, wo er dem König unter vier Augen deutlich seine Meinung gesagt hatte, konnte er mit
aller Ehrlichkeit beim öffentlichen Mahle das
Glas zum Trinkspruch auf den König erheben,
der sich allerdings auf die zwei Worte beschränkt:
„The King".

Dieses einfache, bestimmte „the King" ist mir
immer als ein lebendiger Beweis der staatsbürgerlichen Erziehung des gebildeten Engländers erschienen. Was immer das Herz des englischen
Staatsbürgers belasten mag, welcher Tadel über
den König auch des Tags über auf den Lippen

des Festredners vielleicht gelegen haben mag,
das zweisilbige Königshoch nötigt ihn nicht zur
Unwahrheit, nicht zu leeren Sprüchen und Lob-
gesängen, die nicht aus dem Herzen quellen
und quellen können, und gestattet dennoch,
dem König als dem Vertreter des Staates jeder-
zeit die Ehren zu bezeugen, die ihm als Träger
der Staatsidee zukommen. So sehr ist in dem
durchaus demokratischen Volke, das in jahrhun-
dertelangen Kämpfen sich eine bewunderungswürdige Verfassung erkämpft hat, die Autorität
des Königtums in Fleisch und Blut übergegan-
gen, daß der Engländer überall in der Welt, sobald sein Ohr die Königshymne vernimmt, sich
erhebt und für die Dauer der Hymne entblößten
Hauptes und schweigend stille steht. Das einfache kurze „the King" gestattet mit einem Worte
die Tugenden der moralischen Tapferkeit jeder-
zeit mit dem Autoritätsgefühl zu verbinden. Nicht
als ob der vornehme Engländer nicht wüßte, da
wo er es nötig hält, auch seine Fürsten zu verherr-
lichen, niemals aber tut er es um den Preis des
Byzantinismus. Es ist, als ob er ein unmittelbares
Gefühl dafür hätte, daß in einem Volk der Autorität nichts mehr schadet als byzantinische Er-
gebenheit. Daß in republikanischen Staaten die

Autorität der Präsidentschaft noch so wenig los-
gelöst werden kann von ihrem Träger, ist eine
der großen Schwierigkeiten in den Regierungs-
verhältnissen der Republiken.

Nicht anders ist es mit allen anderen Autoritäten der Familie, der Heeresverwaltung, der Justiz des Landes, der Regierung, des Parlaments,
des nationalen Gedankens, der Wissenschaft, der
Religion, der Kunst. Die Träger aller Autorität
sind Menschen mit allen ihren Vorzügen und
Fehlern; als solche unterliegen sie der Kritik, und
kein mißverstandenes „Gottesgnadentum" kann
sie davor bewahren. Wie aber keine Erziehung
ohne Autorität möglich ist, so auch keine staatsbürgerliche Erziehung, und wer die Autoritätsidee untergräbt, der untergräbt die erziehliche
Wirksamkeit der Einrichtung, die durch die Autorität lediglich vertreten ist.

Dabei übersehe ich nicht, daß alle Autoritäts-
begriffe dem Wandel der Zeit und dem Fort-
schreiten der Kultur unterliegen, daß alte Autoritäten in den Staub sinken und neue Autoritäten
sich bilden. Die Klage über das Dahinwelken des
Autoritätsgefühls ist eine Klage aller Zeiten.
Denn die in Wirklichkeit umgesetzte Autoritätsidee will nicht nur nichts von ihren einmal an-

genommenen Merkmalen verlieren, sie strebt sogar danach, immer neue höhere Merkmale sich
beizulegen. Die immer mündiger werdende oder
doch werden wollende Menschheit aber wandelt
ihre Kulturanschauungen und damit ihre Autori-
tätsbegriffe. Je mehr die Autoritätsformen erstar-
ren, je hartnäckiger sie an veralteten Vorstellungen
festhalten, desto sicherer sind sie dem Untergange geweiht. Aber an die Stelle jeder ver-
schwundenen oder einflußlos gewordenen Autorität schafft die Kultur neue Autoritäten, wenn
auch oft armseligere. Denn ohne Autoritäten gibt
es bei der Mangelhaftigkeit der menschlichen Natur so wenig eine wahrhafte Kultur, als es ohne sie
eine Erziehung gibt. Das Problem der a u f s t e i -
g e n d e n Staatsentwicklung ist zugleich das Problem der sich wandelnden Autoritätsgestaltung.
Daß in dem demokratischen England und Nor-
wegen das Königtum einen so felsenfesten Boden hat, verdankt es nicht zum wenigsten der
fortschreitenden Wandlung dieses Autoritätsbe-
griffs in diesen Staaten. Daß die katholische
Kirche in wachsendem Maße an Einfluß in den
Kreisen der gebildeten Katholiken verliert, daran
trägt nicht die fortschreitende Wissenschaft, sondern noch mehr die fortschreitende Erstarrung
der kirchlichen Autorität die Schuld.

Dazu kommt, daß auch die menschlichen Träger der Autorität das Autoritätsgefühl auf das
schwerste schädigen können und schon oft auf
das schwerste geschädigt haben. Darum ist auch
die staatsbürgerliche Erziehung gerade derjenigen, die kraft ihrer geistigen und moralischen
Fähigkeiten zu Trägern berufen sind, die wichtigste Angelegenheit des Staates. Es ist unerläßlich, daß vor allem sie vom Geiste der Gerechtigkeit und Billigkeit und vom Gefühle ihrer vollen Verantwortlichkeit beherrscht sind. Aber nicht
weniger schadet der Autorität die rücksichtslose
öffentliche Kritik, vor allem jene, welche die Fehler des einzelnen leichtherzig verallgemeinert und
sie als Fehler der Einrichtung statt des vorübergehenden Trägers hinstellt, die Kritik, die das
Demagogentum kennzeichnet. Wer die Reden
der großen englischen Parlamentarier liest, der
wird erstaunt sein, wieviel Vornehmheit und autoritative Rücksichtnahme sich mit der schärfsten Kritik verbinden läßt.

In dieser Hinsicht haben alle Parteien in
Deutschland gefehlt und die staatsbürgerliche Erziehung erheblich geschädigt. Von keinem hervorragenden Vertreter einer Partei habe ich noch
ein gleich vornehmes Eingeständnis dieser Schuld

gehört als von dem weit links stehenden vornehmen sozialistischen Politiker Cohen-Reuß auf
dem zweiten Rätekongreß in Berlin im März
1919. Erst wenn diese Einsicht auch den bürgerlichen Parteien klar bewußt wird, haben wir die
Hoffnung, daß nicht jede Autorität im politischen Kampf in den Staub gezogen wird. Daß
man heute in weitesten Kreisen über das Parla-
ment, das doch den Volkswillen repräsentieren
soll, so verächtlich urteilt, daran tragen nicht geringen Anteil diejenigen, die sich nie genug tun
konnten, demokratische Staatseinrichtungen her-
abzusetzen. Umgekehrt: der Sport, die früher
vom Volkswillen unabhängige Regierung lächer-
lich zu machen, sie als Ausbund der Rückständig-
keit und Einsichtslosigkeit zu kennzeichnen, weil
irgendein Beamter einmal Mißgriffe oder Dumm-
heiten gemacht hat, rächt sich heute im Volksstaate bereits an der vom Volke selbst gewählten Regierung. Welchen Sinn kann es haben, die
Volksvertretung wie die von ihr gewählte Regierung, die Trägerin der obersten Autorität des
Staates, beständig der Unfähigkeit, Torheit, ja
des Verbrechens zu bezichtigen, weil einer Partei
einzelne Maßnahmen, einzelne Personen oder gar
nur einzelne Handlungen mißfallen? Es kann nur

den einen Sinn haben — mit dem Sturz der letzten Autorität einer Demokratie die völlige Anarchie bewußt oder unbewußt herbeizuführen.

Wie aber keine staatsbürgerliche Erziehung ohne Hochhaltung des Autoritätsgedankens möglich ist, so ist auch keine möglich ohne steigende Teilnahme aller Bürger des Staates an der Regierung des Landes nach Maßgabe ihrer geistigen und sittlichen Eigenschaften. Es gehört zu den schwierigsten Problemen des Staates, jedem nach Gerechtigkeit und Billigkeit das staatsbürgerliche Recht zu sichern, das ihm zukommt. Welche Lösung man auch immer vorschlagen mag, sie wird immer unvollkommen und mit Fehlern behaftet bleiben. Aber das eine ist gewiß, die tätige Teilnahme am Leben des Staates ist selbst das wirksamste Werkzeug der staatsbürgerlichen Erziehung genau ebenso, wie die tätige Teilnahme am Leben der Familie, einem Berufsverbande oder einer Betriebsorganisation das wirksamste Werkzeug zur Entwicklung des Familiengeistes, des Standesinteresses oder einer werktätigen Arbeitsgemeinschaft ist. Je kleiner natürlich der Verband, desto leichter ist es möglich, daß der einzelne an der Gestaltung seines Lebens tätigen Anteil hat; je größer er ist, desto mehr

muß die Tätigkeit des einzelnen, soweit die unmittelbare Anteilnahme in Frage kommt, sich
darauf beschränken, seinen Willen auf jemand zu
übertragen, der in seinem Sinne an der Entwicklung des Staates Anteil nimmt. Mittelbar allerdings, durch die e i g e n e L e b e n s f ü h r u n g hat
auch in den größten Staatsverbänden jeder die
gleiche Möglichkeit, zur Staatsentwicklung seinen Teil beizutragen. Daß aber auch die unmittelbare Anteilnahme an der Gestaltung des Staates
in der bescheidenen Form des unmittelbaren allgemeinen geheimen Wahlrechtes jedem Bürger
des Staates ermöglicht ist, das halte ich für eine
Grundvoraussetzung für die Möglichkeit staatsbürgerlicher Erziehung. Freilich das g l e i c h e
Wahlrecht für alle entspricht nicht den Grundsätzen der Gerechtigkeit und Billigkeit. Denn es
ist unbillig, dem beschränkten, unerfahrenen, sittlich verwahrlosten Menschen das gleiche Recht
zu geben, die Geschicke des Staates zu bestimmen, wie dem einsichtsvollen, erfahrenen, sittlich hochstehenden Menschen. Dies ist eine so
einleuchtende Wahrheit, daß sie von keiner
Partei, mag sie noch so demokratisch gesinnt
sein, geleugnet werden kann. Nun aber haben wir heute noch gar kein Mittel, die beiden

Sorten von Menschen wirklich auseinanderzuhalten. Der einfache Arbeiter kann auf größerer sittlicher und geistiger Höhe stehen als der reiche Unternehmer, der vom Glück begünstigte Kaufmann, ja selbst der gelehrte Bücherwurm. Jeder aber hat das Recht, nach gleichem sittlichem Maßstabe gewertet zu werden, jeder das gleiche Recht, nach seinen geistigen und sittlichen Fähigkeiten im Staate Einfluß zu gewinnen. Wollen wir unterscheiden, so müssen wir unter den Höheren und Höchststehenden die nämlichen Unterschiede machen wie unter den Mittleren und Untenstehenden. Da es aber heute noch kein Mittel gibt, objektiv den wahren Wert des Menschen festzulegen, haben wir auch kein Mittel, das Wahlrecht objektiv gerecht festzulegen. In diesem Zwiespalt erscheint es w e n i g e r u n b i l l i g, jedem das gleiche Wahlrecht zu geben, als eine große Menge von wertvollen Menschen vom gleichen Wahlrecht auszuschließen, und diese Maßnahme wird immer mehr der Idee der Billigkeit entsprechen, je mehr und je gründlicher der Staat dafür sorgt, daß durch möglichst sorgfältige Erziehung aller die Möglichkeit eines vernünftigen Gebrauches des Wahlrechtes mehr und mehr sichergestellt wird. Es war ein schwerer Fehler des neuen Volksstaates, ohne solche sorgfältigen, vorbereitenden Maßnahmen für die Jugenderziehung das Wahlrecht schon den Zwanzigjährigen einzuräumen, nachdem der gestürzte Obrigkeitsstaat, wie wir gesehen haben, nichts getan hat, die rechte Staatsgesinnung und den rechten staatsbürgerlichen Charakter zu entwickeln. Eine Korrektur dieses Fehlers ist unerläßlich. Wenn sie nicht eintritt, geht der junge Volksstaat, den wir in höchster Not geschaffen haben, unabsehbarer Gefahr entgegen.

Aber irgendein bescheidenes Recht, an der Staatsentwicklung Anteil nehmen zu können, muß dem reifen Bürger des Staates gewährt sein; denn sonst verliert er das Interesse an der Staatsentwicklung. Der Staat, und mag er der beste sein, wird ihm gleichgültig; seine Forderungen aber, die er an den Staat richtet, werden gleichwohl immer größer und unbilliger. Nur wenn er in seiner eigenen Tätigkeit im Familienverbande, im Arbeitsverbande, im Berufsverbande, im Gemeindeverbande, im Staatsverbande an sich selbst erfährt, daß alles Staatsleben einen beständigen Ausgleich der Interessen bedeutet, fängt er an, die Interessen der Familie, der Gütererzeugung, des Berufes, der Gemeinde, des Staates zu begreifen. Nur in der hingebenden Arbeit an diese Verbände kann sich der Familiensinn, der Arbeitswille, der Sinn für Berufsehre, der Geist des Gemeindeverbandes und vor allem das Nationalgefühl entwickeln.

Wir Deutsche haben noch immer ein sehr schwach entwickeltes Nationalgefühl, im Vergleich mit den Engländern, Franzosen, Italienern, Schweden, Norwegern, Holländern und den Bürgern der nordamerikanischen Union. Das mag teils eine Stammeseigentümlichkeit sein, teils in unserer Vergangenheit liegen. Ein Teil liegt aber gewiß auch daran, daß das deutsche Volk so spät erst an der Gestaltung und Entwicklung des Staates Anteil nehmen durfte. Noch vor 100 Jahren, als Freiherr vom Stein die Nation daran gewöhnen wollte, „ihre eigenen Geschäfte zu verwalten und aus jenem Zustande der Kindheit herauszutreten, in dem eine immer unruhige dienstfertige Regierung die Menschen halten will", war der deutsche Bürger ganz außerstande, das zu fassen, was ihm Stein und Hardenberg zugedacht hatten. Der heftige Widerstand, den die Stände nach den Befreiungskriegen den Reformen entgegenstellten, und das Mißtrauen, das die Beamtenschaft

gegen diese Reformen erfüllte, verband sich mit
der Gleichgültigkeit der großen Massen, die, bis
dahin in kleinlichster Bevormundung gehalten,
nicht verstanden, was sie mit den Gaben anfan-
gen sollten. Geradezu verblüffend ist es dagegen,
wie rasch die vielen Millionen, die seit Jahrzehn-
ten aus allen Völkern der Welt in die Union ein-
wandern, nationalisiert werden, nicht etwa bloß
die Einwanderer der germanischen Rasse, die
Engländer, Schweden, Norweger, Deutschen, sondern auch die der romanischen und neuerdings
der slawischen Rasse, nicht etwa bloß jene, die
bei ihrem Eintritt schon die englische Sprache
vollkommen beherrschen, sondern auch jene, die
sie mehr oder weniger mühsam erst erlernen mußten. Mag ein Teil der Ursachen dieser höchst be-
merkenswerten Erscheinung darin liegen, daß
die Eingewanderten, soweit sie geistige und leibliche Not aus der Heimat getrieben hatte, dort
Arbeit, Brot, Freiheit für ihre persönlichen politischen und religiösen Anschauungen finden.
Mag ein anderer Teil darin gefunden werden, daß
namentlich die großen Städte des Westens in un-
entgeltlichen Einrichtungen aller Art die Ameri-
kanisierung zu beschleunigen suchen, daß vor allem die allgemeine Volksschule m i t   i h r e n   t ä g-

lichen vaterländischen Ansprachen und Gesängen, die in der Aula der Schule den Schultag beginnen lassen, mit ihrem täglichen Hissen des Sternenbanners an der Stirnseite des Hauses, mit ihrem Unterricht in der Geschichte, der nur eine Spanne von 200 Jahren umfaßt und daher einer entsprechenden Vertiefung schon im Elementarunterricht fähig ist, den nationalen Sinn in jeder Weise hegt und pflegt. Ein dritter Teil der Ursachen liegt zweifellos darin, daß es jedem Tüchtigen leicht gemacht ist, amerikanischer Bürger zu werden und damit tätigen Anteil an der Entwicklung der Stadt, in der er wohnt, des Staates, dem er angehört, oder der ganzen Nation zu nehmen, und daß keine Vorurteile irgendwelcher Art den Begabten und Tüchtigen hindern, zu den höchsten Ämtern der Staatsverwaltung aufzusteigen.

Das falsche wie das rechte Nationalgefühl ist ein Gemeinschaftsgefühl. Solche Gefühle entstehen entweder aus gemeinsamem, auf äußere Dinge gerichtetem erfolgreichem Ehrgeiz oder aus gemeinsamer Arbeitsaufgabe. Es ist mit dem auf die Gemeinschaft eingestellten Nationalgefühl durchaus nicht anders wie mit dem auf das Ich eingestellten Personenwertgefühl.

Die eine Gruppe von Personen und Nationen sucht ihren Wert im Bewußtsein höheren vermeintlichen oder wirklichen Glanzes im Vergleiche mit anderen. „La grande nation", das war der Gedanke und die starke Quelle, aus der lange Zeit das französische Nationalgefühl floß. Die Erinnerung an das Königreich Großpolen nährt heute noch den polnischen Nationalstolz. Es gibt einen Imperialismus, der genau in der gleichen Eitelkeit seinen Ursprung hat. Bei allen Verbänden, nicht bloß bei den Nationalverbänden, liegt eine große Gefahr in der Speisung des Gemeinsamkeitsgefühles aus dieser Quelle. Man berauscht sich im Glanze der eigenen Vergangenheit, man ist stolz auf die Tugenden, den Glanz und den Ruhm der Vorfahren, man sieht die Fehler der anderen Nationen und nicht ihre Vorzüge, man blickt mit Geringschätzung auf sie herab — bis der Tag kommt, wo die Abrechnung erfolgt. Der Geschichtsunterricht aller Völker ist beständig in der Gefahr, eine Geschichte der „gloire" der Nation zu werden. Aber unsere Jugend soll sich der großen Taten ihrer Vorfahren zwar erfreuen und sich an ihnen erheben, aber sie soll auch in dem Bewußtsein der Mängel und Schwächen erzogen werden, die ihrer Nation anhaften und die jede Generation von neuem zu überwinden hat, will sie innerlich vorwärts kommen. Die zweite Gruppe von Personen und Nationen findet ihren Wert in dem echten oder unechten Weihrauch, der ihnen von anderen gestreut wird. Sie sind sich vielleicht gewisser Fehler und Schwächen bewußt, aber es genügt ihnen, daß andere sie nicht sehen oder nicht darauf hinweisen, daß ihnen äußere Ehren erwiesen werden, die in ihnen die Meinung erwecken, sie seien von allen Menschen oder Völkern hochgeschätzt. Diese Hochschätzung anderer, vor allem mächtiger Personen oder Nationen ist in diesem Falle die Quelle des Personenwertgefühles oder des Nationalgefühles, nicht das Bewußtsein des eigenen Wertes. Es war die Berechnung der großen Makedonier des Altertums, durch dieses Mittel die kleinen griechischen Staaten und Stämme voneinander loszulösen; es war die Berechnung Napoleons, auf diesem Wege die Völker bzw. deren Fürsten gegeneinander auszuspielen. Es ist das alte Mittel des „divide et impera"

Die dritte Gruppe von Personen und Nationen sucht ihren Wert nicht im Vergleich mit anderen, nicht im Bewußtsein des Besitzes irgendwelcher äußerer oder innerer Vorzüge, auch nicht in der

Wertschätzung großmächtiger oder gleichmäch-
tiger Personen oder Nationen, sondern in dem
Streben nach eigener Tüchtigkeit in dem Bewußtsein, einen sittlichen Beruf an sich
selbst zu erfüllen. Sie sind sich ihrer eigenen
Fehler voll bewußt, aber sie fühlen ihren Wert
nicht steigen, weil andere diese Fehler nicht
sehen, oder weil neben den Fehlern diese oder
jene Vorzüge stehen. Sie fühlen ihren Wert nur
dann, wenn es ihnen gelingt, durch ihre eigene
Tatkraft sich oder andere einen Schritt auf dem
Wege zu dem Ideale, das in ihnen lebt, vorwärts-
zubringen. Sie sind beherrscht von dem Bewußtsein einer Kultursendung. Ein nicht geringer Teil
des Nationalgefühles der Engländer ist auf dieses Bewußtsein zurückzuführen. Ich möchte nicht
anstehen zu sagen, daß auch im deutschen Volke,
sowohl im Mittelalter als auch später im 19. Jahr-
hundert, dieser Geist in den Besten des Volkes
lebendig war. In der deutschen Sozialdemokratie
spielt dieses Bewußtsein einer sittlichen Welt-
sendung im Dienste der ,,Enterbten" keine ge-
ringe Rolle. Nur war ihr Blick so sehr auf diese
einzige Aufgabe gerichtet, daß eine beträchtliche Anzahl ihrer Führer die Bedingungen über-
sehen, unter welchen bei der ungeheuren Un-

gleichheit des Kulturstandes der Völker, bei den
mangelhaften Sittengesetzen, die zwischen den
Völkerindividuen heute noch gelten, bei dem
stark ausgeprägten und immer noch stärker sich
entwickelnden falschen oder rechten Nationalgefühl der meisten übrigen Staaten das deutsche
Volk bzw. die deutsche Sozialdemokratie diese
Mission auch wirklich zu einem guten Ende führen kann. Ein beneidenswerter praktischer Sinn
hat die Engländer andere Wege zu gehen gelehrt,
ihre Sendung an sich selbst und an anderen Völkern zu erfüllen. Die theoretische Gründlichkeit der Deutschen, die daraus entspringenden
Neigungen zu unveränderlichen Glaubenssätzen
über Gestaltung von Verfassung und Wirtschaft,
verbunden mit einer allzu sprunghaften Kritik des
Bestehenden, das in die einmal gefaßte Theorie
nicht passen will, hat uns immer schon Schlin-
gen und Fallstricke gelegt.

Wann werden wir lernen, daß ein starkes Nationalgefühl von der echten dritten Art die beste
Gewähr dafür ist, die Kulturideale bei uns und
anderen der Verwirklichung näher bringen zu
können? Nur eine staatsbürgerliche Erziehung,
die uns in den Dienst der Gemeinschaft einstellt, die uns hoffen, sorgen, leiden und freuen

läßt über Mißerfolge oder über Erfolge im
Dienste der Staatsidee, nur die Aussicht auf die
Möglichkeit, die Staatsidee im Sinne des ethischen Ideales entwickeln zu können, wird auch
uns Deutschen, wenn wir eine Anlage dazu haben,
helfen, ein ebenso starkes Nationalgefühl in uns
zu entwickeln, wie es längst zu einer starken
Schutzwehr der meisten anderen Völker gewor-
den ist. Dieses Nationalgefühl wird dann auch
unser ganzes öffentliches Leben vor einer Form
der Kritik bewahren, die wohl alle Autorität zer-
stören und unser Ansehen vor anderen Nationen
schädigen kann, die aber nicht imstande ist, andere Mittel der Massenerziehung und des nationalen Schutzes an die Stelle zu setzen.

Die Voraussetzung aber, unser Volk zu dieser Art von Nationalgefühl zu führen, ist, es zur
Ehrfurcht vor echten Werten und deren
Trägern zu erziehen. Ehrfurcht können wir
aber nur vor Werten bekommen, die wir selbst zu
empfinden fähig sind und bereits, wenn auch nur
leise, empfunden haben. Haben wir sie einmal empfunden, so kündigt sich in dieser Empfindung unsere
bessere Natur an. Der Wert ist in unserer eigenen
Seele aufgerichtet und nötigt uns nun zur Achtung
vor unserem besseren Selbst. Und nur wer Achtung

vor seiner eigenen besseren Natur hat, wer Ehrfurcht vor sich selbst besitzt, wird auch Ehrfurcht
vor andern Trägern objektiver Werte empfinden
können, wird wollen, daß alle Welt zur Anerken-
nung dieses Wertes geführt werde und diesem
Wollen gemäß sein Handeln einrichte. Der Wert
aber, um den es sich hier handelt, ist das Bewußtsein der b e s o n d e r e n sittlichen Aufgabe,
die, wie sie jedem einzelnen, so auch jeder Nation gestellt ist. Er ist die Sehnsucht nach der
eigenen Vollendung. „Vor jedem steht ein Bild,
des was er werden soll; solang' er das nicht ist,
ist nicht sein Friede voll." Das gilt vom r e c h -
t e n Selbstgefühl des Tüchtigen wie vom rechten
Nationalgefühl.

IX. INDIVIDUALISMUS UND SOZIALISMUS.

Als Ziel der staatsbürgerlichen Erziehung haben wir gefunden: die Angehörigen eines Staates mit derartigen Gewohnheiten auszurüsten, daß sie bewußt, unmittelbar oder mittelbar, am Staatsleben teilnehmen, um den Staat, dem sie angehören, durch ihr eigenes Leben dem Ideale des Rechts- und Kulturstaates schrittweise näher zu bringen. Als Mittel der staatsbürgerlichen Erziehung erkannten wir die tätige Teilnahme an freiwilligen durch einen geistigen Wert gebundenen Arbeitsgemeinschaften, die Klärung des sittlichen Urteils, die Einführung in das Verständnis der Staatsaufgaben und des sittlichen Staatszweckes, die Einsicht der Abhängigkeit der Lebensinteressen jedes einzelnen von den Lebensinteressen aller anderen und schließlich die Versittlichung der Teilnahme an den Angelegenheiten des Ganzen. Damit ergab sich, daß Ausbildung des Sinnes für Gerechtigkeit und Billigkeit, des Verantwortlichkeitsgefühles und der moralischen Tapferkeit, des Autoritäts- und Nationalgefühles unerläßliche Notwendigkeiten der staatsbürgerlichen Erziehung sind.

Es ist zu erwarten, daß die durch eine solche Grundlage verbürgte und in solchen Zielen verankerte staatsbürgerliche Erziehung die Zustimmung und Mitarbeit der Ehrlichen und nicht zu leidenschaftlich Denkenden aller Parteien ohne Ausnahme wird finden können, soweit diese Parteien vom Geiste der Gerechtigkeit gegen jedes Mitglied der Staatsgemeinschaft getragen sind. Das war die Voraussetzung, von der wir ausgingen.

Denn keine dieser Parteien wird sich durch sie in dem bedroht sehen, was sie zur Partei macht, in ihrer Auffassung vom Wesen und den Machtgrenzen des Verfassungsstaates. Dabei wird diese Erziehung gleichwohl der weiteren Entwicklung des Kultur- und Rechtsstaates und seiner Segnungen für den einzelnen dienen, ja sie allein und keine andere Maßregel der Staatsverwaltung wird die Annäherung an dieses Ideal möglich machen.

Sie wird auch der beste Schutz sein gegen jenes gefährliche Übel, von dem Stuart Mill in der Einleitung seines Essays „on liberty" mit Recht behauptet, daß die Gesellschaft im Verfassungs-

staat beständig vor ihm auf der Hut sein muß,
gegen die Tyrannei der Mehrheit. Diese Tyrannei der Mehrheit, die viel schlimmer ist als der
im Verfassungsstaat ohnehin ausgeschlossene
Despotismus eines einzelnen, ist immer ein Er-
zeugnis staatsbürgerlicher Unbildung oder Verwilderung und des den Massen eingeflößten
Glaubens an die alleinseligmachende Kraft der
Partei.

Diese Erziehung allein wird auch Schutz geben gegen die Bestrebungen jener Kurzsichtigen,
deren armselige Weisheit darin besteht, bei jung
und alt Haß zu säen gegen alle Mitglieder der
Gemeinschaft, die nicht zu ihrer politischen oder
religiösen Fahne schwören, ohne zu denken, daß
dieser Haß ein Feuerbrand ist, der naturnotwen-
dig auch die Brandstifter verzehren wird. Wo die
Menschen gelernt haben, von Jugend auf einander zu dienen, nicht sich zum Mittelpunkt all
ihres Wirkens und Tuns zu machen, sondern den
Schutzverband, dem sie angehören, wo sie von
Jugend auf bei der Erledigung gemeinsamer Arbeit den Widerstreit der Interessen kennen gelernt, wo gar eine frühzeitig geläuterte Einsicht
in den Interessenzusammenhang das Bild vom
rechten Staat, vor allem bei den Tüchtigsten der

Volksgenossen lebendig gemacht hat, da haben
wir auch die besten Dämme gebaut gegen die
Partei- und Massentyrannei, die unter der Flagge
einer mißverstandenen Gleichheit wie eine Ele-
fantenherde alle Saatfelder jenes berechtigten Individualismus zerstampft, der einzig und allein
die Entwicklungsfähigkeit des Staates gewähr-
leistet. Diesen berechtigten Individualismus der einzelnen wie der Parteien zu
schonen, ihm den notwendigen Spielraum zu seiner Entwicklung zu geben,
ist für die Staatsgesundheit ebenso
wichtig, wie die Individuen und Parteien zu gemeinsamer Arbeit zusammen-
zuführen. Das ist eine Grundregel nicht bloß
für den Staat, sondern auch für die Parteien.
Jede Partei, der es gelingt, alle anderen Meinungen innerhalb des Bereiches ihrer eigenen Welt-
anschauung niederzukämpfen, trägt, genau so wie
die rücksichtslose Staats- oder Kirchenallmacht,
den Todeskeim in sich. Das geräuschvolle oder
lautlose Ende kommt früher oder später. Es ist
ein Naturgesetz, daß der allmächtig gewordene
Wille zum Moloch wird, der seine eigenen Kinder frißt. Schon die antiken Völker haben dieses
Gesetz klar erkannt. Εἰ μὴ τὰς φρένας διέφθορε

θνητῶν ὅcοιcιν ἀνδάνει μοναρχία. Sinnverblendet ist der Sterbliche, der Alleinherrschaft erstrebt, ruft Euripides. (Vergleiche Hippolytos, Vers 1014—15, übersetzt von Minckwitz-Lipperheide.) Nur im freien Spiel der Kräfte, unter völliger Achtung des ehrlichen, aber unter rücksichtsloser Bekämpfung des unehrlichen Gegners, in dem beständigen Ausgleich der Interessengegensätze geht der Weg aufwärts. Ewiger Friede wird zum ewigen Tode alles organisch Gewordenen. Auch die jeweils besten Konstitutionen müssen zusammenbrechen, wenn die Arterien verkalken, in denen das Blut des Lebens fließt. Das ist das Schicksal der Menschen wie der Parteien wie der Staaten. Immer ist die Diktatur einer Klasse, und wäre sie auch die mächtigste der Gesellschaft, von vergänglicher Dauer, mag sie eine Diktatur des Junkertums, der Bourgeoisie oder des sogenannten Proletariats sein. Denn Diktatur bedeutet immer Allmacht eines Teiles der Gesellschaft. Es gibt aber keinen Gesellschaftsorganismus, der unter der Allmacht eines Teiles auch nur vegetieren könnte.

Alle Entwicklung schwankt zwischen den beiden Polen des schrankenlosen Individualismus, von dem die Diktatur einer Klasse nur ein be-

sonderer Ausdruck ist, und des allumfassenden
Sozialismus. Der eine führt zur Brutalität und Anarchie, der andere zur völligen Bindung der schaffenden Kräfte und damit zur Erstarrung des gesellschaftlichen, vor allem aber des rein geistigen
Lebens. Wenn vor dem Staate eine Tafel aufgerichtet werden muß, so ist es jene, welche die
Inschrift trägt: Die geistigen Kulturgüter
schafft niemals der Staat; sie wachsen und
gedeihen nur in der Freiheit ihrer eigenen Kulturkreise und ihrer Priester. Wissenschaft, Kunst,
Religion, Unterricht, Erziehung, Sitte verküm-
mern und verdorren, wenn der Staat mit seiner
Zwangsgewalt auch ihre Gestaltung allein bestimmen will. Vor wenigen Jahren hat mir ein
berufener Vertreter des monarchischen Staates
diese Inschrift heftig beanstandet. Wird der
„freie" Volksstaat sie stehen lassen?

Wohin uns die gegenwärtige Entwicklung führt,
wer kann es heute sagen? Ob sie uns dem Ideale
nähert, das uns die Ethik vor Augen führt? Biswei-
len hat es den Anschein, als ob die Entwicklung in
der Richtung einer immer größeren Bindung des
einzelnen vor sich ginge, als ob sie auf eine immer
stärkere Fesselung der individuellen Freiheit ab-
zielte. Gerade die sozialistischen Demokratien ha-

ben unbewußt eine klar erkennbare Tendenz, ich möchte beinahe sagen, einen unheimlichen Zug, in dieser Richtung zu wandern, trotz der unbestreitbaren Ethik, die der mit dem Sozialismus verbundenen Demokratie zugrunde liegt. Aber indem wir diese Ethik, die im Grunde die Ethik des Christentums ist, empfinden und anerkennen, müssen wir uns der Gefahr bewußt sein, die in der Verschmelzung von Sozialismus und Demokratie zwar nicht liegen m u ß , aber nur allzu leicht liegt. Der e t h i s c h e S o z i a l i s m u s ist ein lauter Einspruch gegen den rücksichtslosen Individualismus, der über die Leichen der Mitbrüder gefühllos hinwegschreitet, wenn es gilt, seine besonderen Interessen zu befriedigen, der weder Brüder kennt noch Menschenwürde. Die E t h i k d e r D e m o - k r a t i e liegt im Rechte der sittlichen Selbstbestimmung jedes einzelnen und der aus ihr entspringenden Pflicht der f r e i e n Mitarbeit jedes Einzelnen an der sittlichen Entwicklung der Gesellschaft. Indem nun aber der ethische Sozialismus den wilden Individualismus und den ihm entsprechenden wirtschaftlichen Liberalismus mit Recht bekämpft, läuft er Gefahr, die langwierige und bei der Mangelhaftigkeit der menschlichen Natur nie zu Ende kommende Erziehung der Ge-

sellschaft zum Brudersinn durch immer zahlrei-
chere und umfassendere Staatsgesetze zu ersetzen,
die, weil sie immer nur Zwangsmittel sind und
sein können, gerade die Entwicklung des sittlichen Sozialismus in der Gesellschaft hintanhal-
ten. Indem andernteils die Demokratie jedem die
Möglichkeit gibt, aus freiem Entschluß und eigener Überzeugung heraus an der Entwicklung des
Staates und der Gesellschaft mitzuarbeiten und
gegen jede obrigkeitliche Bevormundung an-
kämpft, entsteht die andere Neigung, nicht bloß
die bevormundende Obrigkeit, sondern auch
die selbstgewählten Führer nach kürzerer
oder längerer Frist immer wieder abzuschütteln
und schließlich im tieferen Sinne „führerlos" zu
werden. Ja, die letztere Erscheinung ist nicht
bloß eine Gefahr, sondern sie liegt im Wesen jeder Demokratie, sofern und soweit sie nicht imstande ist, die Mitglieder der Gesellschaft zu der
obenerwähnten Ehrfurcht vor echten Werten und
deren menschlichen Trägern zu erziehen. Selbst
da, wo die einzelnen politisch oder wirtschaftlich
organisierten Menschengruppen einen wahrhaft
Tüchtigen als Vertreter ihrer Wünsche und Anschauungen gewählt haben, erleben wir immer wieder, daß auf das „Hosianna" über kurz oder lang

das „Cruzifige" folgt. Denn gerade, wenn er ein
Tüchtiger ist, wird er notwendig sein eigenes
Wesen zur Geltung bringen wollen und müssen,
was ihn früher oder später in Widerspruch bringen wird mit dem so verschiedenartigen und in
seiner Zusammensetzung immer wechselnden Wesen der von ihm vertretenen Menschengruppe.
Diesem Schicksal entrinnt er nur, soweit in seiner Wählerschaft die Ehrfurcht vor den sittlichen
Werten lebt, als deren Träger er als wahrhaft
Tüchtiger erscheint, und sie ihm aus dieser Ehrfurcht heraus auch da Gefolgschaft leistet, wo
seine Anschauungen und Forderungen abweichen
von denen der Gruppe. Sind die Menschen keiner
Ehrfurcht und keiner Autorität fähig, so kommt
zur allgemeinen Bindung des Sozialismus auch die
Bindung des Führers durch die Geführten oder
die beständige Ausschaltung aller berechtigten, wahrhaft wertvollen starken Indi-
vidualitäten und damit eine Entwicklung des
Staates, die keineswegs in der Richtung der von
uns angestrebten Staatskultur läuft.

Glücklicherweise bildet sich eine solche Staatsentwicklung von selbst zu einem unerträglichen
Übel für alle starken, aktiven Naturen aus. Das
mag uns die Hoffnung geben für eine Entwick-

lung auf einer mittleren Linie, und diese Hoffnung mag sich in Zuversicht verwandeln, wenn es der staatsbürgerlichen Erziehung gelingt, die Mitglieder der Gesellschaft wenigstens in ihrer Mehrheit zur Ehrfurcht vor ewigen Werten zu erziehen. Erfüllen wir alsdann gerade die starken, führenden Menschen mit dem Bilde des von der Ethik nicht bloß, nein, auch von ihrer innersten freiheitliebenden Natur gezeichneten Staates, mit einem Ideale, das in keiner Weise ihrem Streben nach sittlicher Selbstgestaltung und sittlicher Selbstbehauptung widerspricht, so werden die Staaten der Verkalkung und Erstarrung entgehen, solange sie eine genügende Anzahl solcher Naturen zu erzeugen imstande sind.

Denn die Ideale sind das einzig wirksame Antisklerosin. Die Ideale sind immer stärker als die mechanischen Kräfte, von deren unwiderstehlicher Gewalt der Geschichtsmaterialismus uns überzeugen will. Das sagt uns nicht irgendeine Theorie, sondern der Gang der Geschichte selbst. In allen Kulturstaaten ist der demokratische Zug unaufhaltsam im Wachsen begriffen. Aber d e - m o k r a t i s c h e Verfassungen der Staaten werden zur Pöbelherrschaft führen, wenn nicht die Seelenverfassung der Mehrzahl ihrer Bürger eine aristokratische ist. Sorgen wir durch eine gründliche staatsbürgerliche Erziehung dafür, daß diese aristokratische Verfassung der Seele zunimmt, daß die sittlichen Ideale sich ausbreiten, daß sie sich in der Mehrzahl unserer Volksgenossen in lebendige Kraft umwandeln, so wird die rein demokratische Verfassung des Staates immer größeren Segen für die Gesellschaft entfalten, und wir haben dann die Pflicht erfüllt, die uns am nächsten liegt. Das andere wollen wir Gott und der Zukunft überlassen.

www.ingramcontent.com/pod-product-compliance
Lightning Source LLC
Chambersburg PA
CBHW030809100426
42814CB00002B/59